Jakobspilgern mit Hund von Hamburg nach Santiago de Compostela
Teil 3: von Vézelay nach Limoges (Via Lemovicensis)

Jakobspilgern mit Hund von Hamburg nach Santiago de Compostela

Teil 3: von Vézelay nach Limoges

(Via Lemovicensis / Voie de Vézelay / Chemin de Vézelay)

Christian Hottas

Impressum

Bibliografische Information der Deutschen Nationalbibliothek: Die Deutsche Nationalbibliothek verzeichnet diese Publikation in der Deutschen Nationalbibliografie; detaillierte bibliografische Daten sind im Internet unter dnb.dnb.de abrufbar.

© 2025 Christian Hottas, 22393 Hamburg

Verlag: BoD · Books on Demand GmbH, In de Tarpen 42,

22848 Norderstedt, bod@bod.de

Druck: Libri Plureos GmbH, Friedensallee 273, 22763 Hamburg

ISBN: 978-3-7693-2839-4

INHALTSVERZEICHNIS

i

EINLEITUNG, NEUE KONZEPTIDEEN & PLANUNGEN

Im ersten Teil dieser Pilgerreise von Zuhause in Hamburg bis nach Santiago de Compostela, pilgerten meine Lebensgefährtin Christine, unser kleiner Pinscher-Mix Kito und ich im Herbst 2021, Frühjahr und Herbst 2022 bis nach Trier. Damit hatten wir gut 1000 Kilometer in Deutschland zurückgelegt und uns der deutsch-französischen Grenze genähert.

Ein Jahr später – vom 20. September bis 15. Oktober 2024 – stand dann der erste Wegabschnitt in Frankreich an, nämlich das Segment von Trier bis Vézelay und damit bis zum Beginn der Via Lemovicensis.

Bis Auxerre, zwei Tagesetappen vor Vézelay, hatten wir unseren *Fahrradbuggy Croozer Kid for 1* mit dabei, in dem wir unsere Lebensmittel, aber auch Zelt, Isomatten und Schlafsäcke transportierten und der Kito bei Regen als trockener Schutzraum diente. Je nach Höhenprofil der jeweiligen Etappe und je nach Untergrund bzw. Bodenbeschaffenheit ließ er sich gut und problemlos oder auch nur schwer und mit Kraftaufwand schieben. Auf flachen Asphaltstrecken war er eine große Hilfe und Erleichterung, auf zugewucherten Graspfaden bergauf und bergab ein richtiger „Bremsklotz". Kito mag den Buggy, aber dies allein ist kein ausreichender Grund, ihn weiter mitzuführen. Was indessen für den Buggy spricht, ist, dass er immer wieder – nicht nur bei Regen – ein Rückzugs- und Ruheplatz für Kito war.

Beim **Etappenkonzept** haben wir festgestellt, dass Tagesdistanzen von deutlich mehr als 30 oder gar 35 Kilometer unnötig und zu doll schlauchen, während 20-25 Kilometer im guten Wohlfühlbereich liegen und Distanzen um 15 Kilometer fast schon „Ruhetage" sind.

Echte **Ruhetage** an einem Ort lohnen sich nur in Städten, die besonders interessant und reich an Geschichte und Bausubstanz sind, weil wir dann je nach Gusto einmal mehr, einmal weniger unternehmen oder wirklich nur ruhen können.

In der zweiten Hälfte des letzten Pilgerblocks – in der Champagne und Bourgogne – hatten wir testhalber, und weil es sich halt so ergab, unser bisheriges Sicherheitskonzept mit starr geplanten Etappen und vorgebuchten Quartieren verlassen und stattdessen spontaner erst am selben oder am Vortag telefonisch gebucht.

Wir tendieren dazu, dieses flexiblere und spontanere **Konzept, je nach Wetter und Tagesform Quartiere zu suchen**, weiter zu testen. Dafür sprechen auch unsere jüngsten, sehr guten Erfahrungen, dass die Franzosen im Allgemeinen und unsere französischen Gastgeber im Speziellen sehr viel entspannter bei Hunden sind und diese sehr viel mehr akzeptieren. (Ausnahmen gibt es natürlich immer einmal.)

Und da passt es ganz gut, dass wir für die Via Lemovicensis über einige detaillierte Unterkunftslisten mit vielen Optionen verfügen.

Ein weiteres Thema ist das kalendarische **Zeitfenster 2024**. Von Anfang April bis Ende Juni herrscht nach unserem Kenntnisstand auch in Frankreich wegen der Setz- und Brutzeit Leinenpflicht für Hunde. Christine schlägt daher einen Start Anfang März vor. Da ist es jedoch vermutlich noch zu kalt, und außerdem beginnen viele Herbergen ihre Saison erst Mitte März oder gar Anfang April. Also wird es – wie 2023 – wieder der Herbst.

AUSRÜSTUNG

Wie nach jedem Pilgersegment haben wir nach dem letzten Block von Trier nach Vézelay gecheckt, was wir von unseren mitgeschleppten Utensilien benötigten und was nicht und was uns fehlte. Und da gibt es wie immer ein paar Kleinigkeiten, auf die wir beim nächsten Segment verzichten könnten.

Sollten wir andererseits künftig ohne Buggy weitergehen, so müssten wir eventuell das (bislang nicht benötigte, aber für „Notfälle" mitgenommene) Zelt in Frage stellen und unsere aufblasbaren Isomatten und Schlafsäcke künftig wieder selbst schleppen.

Um das zu vermeiden, hat Christine in der zweiten Juli-Hälfte eine „größere Neuanschaffung" getätigt und sich einen Pilgerwagen nebst stabiler und schwerer Transportbox zugelegt. Und weil sie bei solchen Entscheidungen keine Kompromisse mag, hat sie sich einen BENPACKER (Modell Trek-PACKER German Expedition / TP GEX rot mit zusätzlichen Disc-Safern und Tailbone, 1.191,00 € inkl. MWSt) und dazu die sBASE-Box Expedition-Lite gegönnt, quasi den Mercedes unter den Pilgerwagen. Unsere bisherigen Tests im Hamburger Umland hat er sehr gut bestanden, und so soll er statt des Croozer zum Einsatz kommen und unser Zelt, die Isomatten und die Schlafsäcke bzw. Kitos Futter, unsere Lebensmittel und Christines Rucksack aufnehmen.

Einziger Nachteil dieser Änderung ist, dass Kito sich nicht mehr zum Ausruhen oder zum Schutz vor Regen in den Buggy legen kann. Aber da muss er künftig halt durch.

In Sachen „Wegfindung & Planung" sind wir diesmal super ausgestattet: Neben zwei Navigationsgeräten (Garmin etrex touch 35 & etrex 20) haben wir den gelben Outdoor-Pilgerführer aus dem Conrad-Stein-Verlag, einen französischen Pilgerführer von Francois Lepere und Celine Heckmann, einen niederländischen Führer mit englischer Wegbeschreibung und genauen ergänzenden Karten im pdf-Format (den wir uns zu Hause ausgedruckt haben und dessen jeweilige Seiten ich im Dokumenten-Brustbeutel jederzeit einsehen kann) und eine detaillierte Liste aller Orte mit Quartierangeboten und sonstiger Infrastruktur.

27.-29. AUGUST 2024
VORBEREITUNG & PACKEN

Da wir ja diesmal bereits an einem Freitag (und nicht erst am Sonntag oder Montag) von Zuhause starten wollen, sind die letzten Werktage davor sehr ausgefüllt.

Am Dienstag, dem 27.8., kann ich meinen HOMMIE Rucksack 45 L vom Schneider meines Vertrauens abholen. Ich hatte dort die Tragegurte mit Quernähten versehen lassen, da sich die eigentlich flachen Polster in den Gurten zuletzt immer wieder aufgerollt hatten und dann drückten. Das ist jetzt nicht mehr möglich.

Meine Excel-Packliste des vergangenen Herbsts, also von Trier nach Vézelay, ist inzwischen nach wechselseitigen Rücksprachen mit Christine erweitert bzw. ergänzt und muss jetzt „nur noch" umgesetzt werden.

Zur Etappenplanung und Vorauswahl der Unterkünfte sind wir dagegen noch gar nicht gekommen. Mit anderen Worten: Wir sind schlecht bis fast gar nicht vorbereitet.

romanisches Portal der Kirche Saint-Georges in Saint-Jeanrvin

MEINE PACKLISTE

Transport & Schlafen:

- ✓ Hommie 45-l-Rucksack mit passendem Regenschutz (700 g)
- ✓ Folienponcho (2 Stück, je 65 g)
- ✓ Mountrex Deckenschlafsack ultraleicht (rechteckig, um mehr Fußraum für Kito zu haben, 730 g)
- ✓ Nordmut Isomatte ultraleicht (aufblasbar, 510 g)
- ✓ Zelt

Kleidung:

- ✓ Regenjacke
- ✓ Folienponcho (65 g, schützt zusätzlich den Rucksack)
- ✓ zweilagige dünne Sportjacke (Windbreaker)
- ✓ 3 T-Shirts (eins am Körper, zwei im Rucksack)
- ✓ 1 Polo-Shirt
- ✓ 2 lange Wanderhosen (eine am Körper, eine im Rucksack)
- ✓ 1 kurze Wanderhose
- ✓ Wanderschuhe (am Körper)
- ✓ Mütze / Basecap

Ausrüstung:

- ✓ 2 Stirnlampen mit Ersatzbatterien
- ✓ Handy mit Ladegerät
- ✓ Kamera Canon 100D mit 2 Ersatzakkus und Ladegerät
- ✓ Laptop mit Netzteil & Maus
- ✓ 2 Brustbeutel (Klarsicht, einer für die Pilgerpässe, einer für Streckentexte/-karten)
- ✓ Gürtel mit Flaschenhalter
- ✓ Trinkflasche, Thermobecher & Besteck

Dokumente etc.:

- ✓ Personalausweis, Impfnachweis
- ✓ Bargeld, EC-Karte
- ✓ Fahrkarten (Anreise)
- ✓ Pilgerpässe

- ✓ Unterkunftsliste, Buchungsunterlagen (im Laptop)
- ✓ Pilgerführer & Wanderkarten
- ✓ Notizbuch & Kugelschreiber
- ✓ Mund-Nase-Maske (1)

Körperpflege etc.:

- ✓ Zahnbürste & Zahnpasta (Minitube)
- ✓ Shampoo (Minipackung)
- ✓ Papiertaschentücher
- ✓ Handtuch (leicht und schnelltrocknend)
- ✓ Melkfett
- ✓ Clotrimazol (Fußpilzcreme, sicher ist sicher!)
- ✓ Pflaster bzw. Tape

Kito:

- ✓ Heimtierausweis
- ✓ Regenschutz
- ✓ warmer Mantel
- ✓ Kuscheldecke
- ✓ Handtuch
- ✓ 3 leichte Plastikschälchen für Wasser & Futter
- ✓ Trockenfutter
- ✓ Leckerlis & Sticks
- ✓ „Schietbüddel"

Verpflegung:

- ✓ Brötchen bzw. Baguettes (täglich neu gekauft)
- ✓ Teewurst oder Chorizo etc. (hält sich ungekühlt am besten)
- ✓ Camembert (reift ggfs. im Rucksack nach, ohne zu verderben)
- ✓ 2 Cabanossi (zusammen 300 g, ungekühlt haltbar)
- ✓ 3 Asia-Tütensuppe
- ✓ Weingummi & Kaubonbons, Schokolade
- ✓ Kaffee & Tee
- ✓ Wasser

Je nach Temperaturen und Regenwahrscheinlichkeit wäre darüber hinaus mehr warme Kleidung und auch eine Regenhose angebracht.

DIE VIA LEMOVICENSIS

Die **Via Lemovicensis** – häufig auch **Voie de Vézelay** genannt – ist eine der vier historischen Haupt-Pilgerrouten durch Frankreich, die alle bereits im 12. Jahrhundert im *Codex Calixtinus (Liber Sancti Jacobi)* beschrieben wurden.

Quelle: Wikipedia

Nur diese vier Wege werden in Frankreich offiziell „Jakobswege" genannt, während alle übrigen Zubringer- und Verbindungswege „Wege der Jakobspilger" sind. Die UNESCO, die diese Wege sowie einige der wichtigsten Kirchen dort 1998 zum **UNESCO-Weltkulturerbe „Wege**

der Jakobspilger in Frankreich" erklärt hat, bezeichnet dagegen nur den Camino Francés als „Jakobsweg".

Obgleich es Hinweise darauf gibt, dass der unterhalb von Vézelay im Tal gelegene Ort **Asquins** mit seiner zum Weltkulturerbe gehörenden Kirche Saint-Jacques d'Asquins und seinen Wiesen- und Weideflächen der historische Sammel- und Startort der Jakobspilger auf der **Via Lemovicensis** gewesen ist, gilt heutzutage die Basilika Sainte-Marie-Madeleine in Vézelay als Anfang dieses Wegs. Für uns spielt dies keine Rolle, weil wir auf dem Fußweg vom Bahnhof Sermizelles-Vézelay nach Vézelay auch durch Asquins und an der dortigen Kirche vorbei gehen.

Im ersten Abschnitt hat die Via Lemovicensis zwei Wegvarianten: die rund 60 Kilometer lange nördliche Route über La Charité-sur-Loire mit der Kirche Notre-Dame, Bourges und Châteauroux, und die gut 80 Kilometer lange südliche Route, die oft als die „historische Route" bezeichnet wird und über Nevers, Châteaumeillant und die Stiftskirche von Neuvy-Saint-Sépulchre führt. Beide Varianten vereinigen sich in Gargilesse-Dampierre an der Creuse.

Von dort führt die Via Lemovicensis südwestlich über Saint-Léonard-de-Noblat, Limoges (das für den lateinischen Namen ausschlaggebend war) und Périgueux. Bei Sainte-Foy-la-Grande überquert sie die Dordogne, in La Réole die Gironde, und eine Tagesetappe nach Mont-de-Marsan an der Abtei Saint-Sever die Adour. Im baskischen Ostabat trifft sie auf die Via Turonensis (von Tours kommend) und die Via Podiensis (von Le Puy-en-Velay kommend). Und eine gemeinsame Tagesetappe später ist dann Saint-Jean-Pied-de-Port erreicht, wo der Camino Francés beginnt.

Alternativ zu den rund 940 Kilometern des gesamten Wegs käme auch eine Zweiteilung in Frage, wobei sich dann Limoges, das ziemlich gut in der Mitte der Wegstrecke liegt, als Zwischenziel anbietet. Nachteil einer Zweiteilung ist dann jedoch der Zeit- und Geldaufwand für eine zusätzliche An- und Abreise.

DIE LANDSCHAFTEN ENTLANG DES WEGS VON VÈZELAY BIS LIMOGES

Prägend für den ersten etwa 30 Kilometer langen Abschnitt der Via Lemovicensis / Voie de Vézelay ist der **Morvan**, ein Granitmassiv, das geologisch zum Zentralmassiv gehört und seiner dichten Mischwälder und Heideflächen (mit viel Farn- und Ginstervorkommen) wegen auch als *La Montagne Noir* („Schwarzes Gebirge") bezeichnet wird.

Vézelay liegt im Nordwesten des Morvan. Dementsprechend anspruchsvoll ist dieses Anfangsstück des Pilgerwegs.

physische Karte Burgunds (Quelle: Wikipedia)

Der Morvan gehört zur Landschaft **Burgund** (französisch *Bourgogne*), die von 1956 bis 2015 auch eine eigenständige politische Region war. 2015 wurde sie dann mit der Region *Franche-Comté* zur neuen Region *Bourgogne-Franche-Comté* zusammengelegt.

Nachdem wir 2023 auf dem Lothringischen Jakobsweg, von Trier kommend, bei Tonnere Burgund erreicht hatten und von Auxerre flussaufwärts entlang der Yonne bis Cravant und von dort nach Vézelay gegangen waren, führt uns der Weg durchs Burgund nun nach Nevers. Danach überqueren wir bei Le Veurdre den Allier, einen 421 Kilometer langen Nebenfluss der Loire, und sind dann in der **Auvergne**.

Die Auvergne ist eine der historischen Provinzen Frankreichs. Ihr Name leitet sich von den Arvernern ab, einem gallischen Volk, das zur Zeit der Eroberung durch die Römer in dieser Gegend siedelte. Im 5. Jahrhundert wurde die Auvergne in von den Westgoten erobert und ging zu Beginn des 6. Jahrhunderts im Frankenreich auf.

Nach der französischen Revolution wurde die historische Provinz 1790 in die heutigen Départements aufgeteilt. Mit der Einrichtung der politischen Regionen 1960 entstand die Auvergne neu. Schließlich wurde sie am 1. Januar 2016 mit der benachbarten Region *Rhône-Alpes* zu einer neuen Region mit dem Namen *Auvergne-Rhône-Alpes* fusioniert.

Dass wir uns in Le Veurdre in der Auvergne befinden, ist in der örtlichen Pilgerherberge nicht zu übersehen. Hier gibt es zu dieser Landschaft bzw. Region einiges an Infomaterial. Und mit der in Clermont-Ferrand beginnenden **Via Arverna** hat die Auvergne sogar einen eigenen Pilgerweg anzubieten.

Knapp zwei Tage später verlassen wir zwischen Ainay-le-Château und Charenton-du-Cher die Auvergne und sind nun in der **Region Centre-Val de Loire** bzw. der **Landschaft Berry**. Das Berry war eine der historischen Provinzen Frankreichs, bis diese 1790 durch die Départements ersetzt wurden. Das landwirtschaftlich geprägte Berry, das zwischen 1360 und 1820 (mit Unterbrechungen) auch Herzogtum war, sich dabei jedoch überwiegend im Besitz des französischen Königshauses befand, ist vor allem auch bekannt als Geburtsregion mehrerer Könige und anderer Mitglieder der königlichen Familie, ebenso wie von George Sand und Alexandre Dumas.

Gut drei Kilometer hinter Éguzon-Chantôme betreten wir nach rund einer Woche in der Region Centre-Val de Loire nun die Landschaft des **Limousin**. Bis Anfang 2016 gab es auch eine gleichnamige Region mit den Départements Corrèze, Creuse und Haute-Vienne, die mit einer Fläche von 16.942 km² und 727.177 Einwohnern (Stand 1. Januar 2021) eine der am dünnsten besiedelten Regionen Frankreichs war. Am 1. Januar 2016 wurde sie mit den Nachbarregionen *Poitou-Charentes* und *Aquitaine* zur **Region Nouvelle-Aquitaine** zusammengeschlossen.

Unser letzter Streckenabschnitt im Bereich der **Monts de Saint-Goussaud** bzw. **Monts d'Ambazac**, einem Mittelgebirgsmassiv, das zu den westlichen Vorposten des Zentralmassivs gehört, ist wieder deutlich schwieriger. Der höchste Punkt dieses Pilgerwegabschnitts erreicht bei Saint-Goussaud **668 m NN**. Auch die letzten beiden Tage bis nach **Limoges** gibt es immer wieder knackige und auch lange Anstiege zu meistern.

Verlauf der Via Lemovicensis von Vézelay bis Limoges auf einer Landkarte mit den alten (bis 2016 geltenden) Regionen (Foto einer Karte in der Gîte communal des pèlerins in Le Veurdre)

30. & 31. AUGUST 2024
ANREISE NACH SATROUVILLE
(BEI PARIS)

Am Freitagmorgen des 30.8. wird es ernst: Christine und ich haben jeweils unsere Ausrüstung komplett parat und einiges auch bereits verpackt. Es kann also eigentlich losgehen. Wir sind jedoch nach dem Stress der letzten Tage und auch der Hitze einfach so ausgebrannt und platt, dass ich ins Gespräch bringe, diese Pilgerreise auszusetzen, 10-14 Tage in Ruhe zu entspannen, dabei zu Hause einiges zu ordnen und dann vielleicht irgendeinen näheren, nur 8-10 Tage kurzen Weg zu gehen. Außerdem ist uns beiden der Zeitrahmen für die gesamte Via Lemovicensis inzwischen zu eng und zu stressig.

Nach kurzer Diskussion entscheiden wir schließlich, diesmal die nur erste Weghälfte bis Limoges zu gehen, von dort heimzufahren und die restlichen Tage zu Hause in Ruhe zu nutzen.

Für die Anreise nach Sartrouville, einer Vorstadt im Großraum Paris, haben wir zwei Tage Zeit eingeplant. Wo wir unterwegs übernachten wollen, möchte Christine je nach Zeitablauf spontan entscheiden. Der Vorteil einer Anreise per Auto ist ja, dass man stets flexibel bleibt und die Anreise nicht an verpassten Zügen oder Flügen scheitert.

Um 16:30 Uhr rollen wir endlich vom Hof. Das Navi prognostiziert unsere Ankunft in Sartrouville für 2:30 Uhr nachts und in Simmerath, wo es ein günstiges Hotel gibt, für 22:30 Uhr. Allerdings verlieren wir im Freitagnachmittagsverkehr bereits im Großraum Hamburg mehr als eine Stunde, so dass wir uns schließlich das G & P Hotel Boardinghaus in Leverkusen aussuchen. Christine bucht uns (als Beifahrerin) von der Autobahn aus ein, und um 22:15 Uhr sind wir dann auch dort. Das Zimmer ist hell, groß und geräumig und gut ausgestattet.

Wir essen jeder noch eines unserer mitgebrachten Schinkenbrötchen und lassen den Abend bei einem Schluck Weißwein ausklingen.

Am Samstagmorgen des 31.08. wachen wir gut erholt zu unserer üblichen Zeit zwischen 7 und 8 Uhr auf. Nach Kitos Frührunde frühstücken wir entspannt bei frischem Kaffee und mitgebrachten Brötchen. Kurz nach halb zehn sind wir wieder unterwegs.

Wir fahren erst noch ins Ortszentrum, wo wir uns in einer Bäckerei mit frischen Brötchen sowie einem Apfelberliner und einer Rosinenschnecke versorgen. Dann nehmen wir Kurs auf die Autobahn in Richtung Aachen, wobei uns die Strecke über die berühmt-berüchtigte Leverkusener Rheinbrücke führt. In Aachen tanken wir nochmals kurz vor der Grenze.

Die weitere Anreise durch Belgien in Richtung Paris verläuft ruhig und unaufgeregt, wobei wir kurz vor Namur ein erstes Mal rasten und nach Compiègne (nördlich von Paris) ein zweites Mal. Die Verkehrsführung nach Sartrouville ist in ihrem Schlussteil ein wenig „tricky", aber mit gleich zwei Navis (dem im Auto und dem in Christines Handy) gleichwohl problemlos.

Um 16:40 Uhr steht Christines Auto auf seinem Platz in der vorgebuchten Tiefgarage neben dem Bahnhof Sartrouville. Zum Quartier „*T2 accueil proche Paris*" sind es rund 500 Meter. Das Haus sieht alt und so gar nicht nach Unterkunft aus. Zudem ist der Vorgarten von einem hohen Zaun umgeben, und das Zugangstor hat keine Klingel. Doch rasch erscheint ein Mann, der uns teils auf Französisch, teils auf Englisch freundlich begrüßt und uns unsere Zimmer zeigt. Wir haben einen Wohnraum mit Couch und niedrigem Couchtisch, TV und einer Küchenzeile mit Mikrowelle, Herd, Kühlschrank und Gefrierschrank; im Untergeschoss gibt es ein Schlafzimmer mit Doppelbett, Ventilator sowie ein hübsches Bad. Der Hit ist aber das Zimmertürschloss, das gleich mit fünf waagrechten Riegeln und zudem senkrecht nach oben in den Türrahmen und nach unten in den Fußboden zuschließt! Damit wären wir auch ohne Kito sicher.

Die nächsten 80 Minuten verbringen wir damit, unser (vor allem Christines) Gepäck von sechs auf drei Wochen zu reduzieren. Zum einen ist die feste Box ihres Pilgerwagens doch selbst fast fünf Kilogramm schwer, sehr unhandlich, und zum zweiten passt nicht alles so hinein wie gewünscht. Mit reduziertem Gepäck und ohne die Box finden jetzt das Zelt und Christines Schlafsack (in einer gemeinsamen Plastikhülle) sowie ihr Rucksack bombenfesten Halt auf dem Pilgerwagen, der sich so auch wesentlich leichter ziehen und manövrieren lässt.

Die Box bringen wir anschließend gleich zum Auto. Und da wir schon mal beim Bahnhof sind, kaufen wir auch sogleich die Fahrkarten nach Paris hinein (15 €) und von Paris-Bercy nach Sermizelles-Vézelay (78 €). Der anschließende Stadtbummel führt uns kurz hinunter zum

Seine-Ufer, ist aber insgesamt unspektakulär. Die Geschäfte haben an diesem Samstag bereits (seit 19 Uhr) geschlossen, und auch die Imbisse bzw. Restaurants sind entweder zu oder sagen uns nicht zu. So holen wir uns bei einer Pizzeria zwei kleine Pizzen mit Schinken und Pilzen, die wir in unserem Quartier verspeisen.

Kito, den ich bei unserer Ankunft im Parkhaus wegen zu langem und anhaltendem Gebell ausgeschimpft habe, ist sehr lieb und bettelt nicht, sondern wartet, bis wir Menschen fertig sind und er dran ist.

Danach erörtern wir unsere Quartieroptionen ab Vézelay und die sich daraus ergebende Reiseplanung. Da im Outdoor-Pilgerführer nur die Wegvariante über Nevers beschrieben ist, verwerfen wir die Option via Bourges und werden die 1-2 Tagesetappen längere, ältere Südroute gehen.

Mit Bahnanreise morgen von Bercy um 12:35 Uhr und Ankunft in Sermizelles um 14:52 Uhr haben wir gute Chancen, Vézelay bis kurz nach 18 Uhr zu Fuß zu erreichen. Da die Pilgerinformation dort bis 19 Uhr geöffnet ist, werden wir dort vorsprechen und dort wegen Quartier in Vézelay selbst nachfragen (mit der Jugendherberge mit angeschlossenem Campingplatz sowie mit unserem letztjährigen Hotel gibt es mindestens zwei Optionen) sowie um Tipps und telefonische Vorbuchungen für die folgenden 2-4 Tage bitten.

Auch mit früher Ankunft hier und ohne WLAN ist der Abend in Sartrouville rasch vergangen, und es wieder einmal kurz vor Mitternacht, als wir ins Bett krabbeln.

Erkenntnis bisher: Noch sind wir auf der Anreise, aber vieles ist bereits aufregend, auch weil wir diesmal so wenig wie noch nie vorgeplant haben. Aber wir sind sehr zuversichtlich, dass sich alles zum Guten fügen wird.

1. SEPTEMBER 2024
ANREISE PER BAHN NACH
SERMIZELLES-VÉZELAY UND
ZU FUSS NACH VÉZELAY

Heute haben wir uns bewusst Zeit mit der Weiterreise genommen. Der Zug frühmorgens gegen 6:20 Uhr war für uns als Langschläfer definitiv nicht in Frage gekommen, so dass der um 11:38 Uhr ab Sartrouville und um 12:35 Uhr ab Paris-Bercy die nächste Option ist.

Wir verlassen unser Quartier gegen 9:35 Uhr, deponieren noch eine große IKEA-Tasche mit den gestern aussortierten Sachen im Auto und nehmen kurz nach 10 Uhr den ziemlich vollen Zug der Linie A nach Paris Gare de Lyon. Von hier bummeln wir entspannt zum Gary de Bercy, wobei wir an der Arena Bercy, einer der paralympischen Wettkampfstätten, vorbeikommen.

Wir vertreiben uns die rund 80 Minuten Wartezeit bis zur Abfahrt unseres Zugs in einem schattigen Garten direkt neben dem Bahnhof. Hier habe ich drei Sitzplätze nebeneinander ergattert. Links von mir steht der Pilgerwagen, an den ich meinen großen, schweren Rucksack gelehnt habe. Als Christine nach einigen Minuten zu uns stößt, stellt sie ihren kleinen blauen Rucksack hinter meinen roten direkt an den Pilgerwagen. Das ist vielleicht nicht der sicherste Platz, aber ich vertraue auf Kitos Wachsamkeit. Aber als wir kurz nach zwölf dann aufstehen und schon mal zum Bahnsteig gehen wollen, ist der kleine blaue nicht mehr da! Geklaut! Wir sind total perplex und in maximaler Aufregung: Was war da alles drin und fehlt jetzt?

Während ich bei den Polizisten auf der Straße unter uns frage, was wir tun können (Anzeige bei der hiesigen Polizeistation, womit wir unseren Zug vergessen können, oder später in Vézelay oder in Limoges), checkt Christine den Verlust. Am ärgerlichsten ist (in absteigender Reihenfolge) der ihres Navis und des französischen Pilgerführers, ihres neu begonnenen Reisetagebuchs, der Wasserblase im Rucksack, einer Wasserflasche für Kito und der Tagesverpflegung. Und um den Rucksack selbst ist es natürlich auch sehr schade. Ihn hatten wir bereits im letzten Herbst bei unserem Ruhetag in Étourvy verloren geglaubt, damals jedoch nur auf einer Fensterbank hinter einem Vorhang vor uns selbst „versteckt". Nun ist er aber wirklich weg!

Wir ärgern uns beide sehr über den Diebstahl wie auch über unsere Unachtsamkeit, aber zum Glück sind alle Dokumente, Geld und sonstigen Dinge von Wert (außer dem Navi) weiter bei uns. Nun wird also unser Zweit-Navi, das eigentlich meines ist, das ich jedoch selten nutze, zu unserem Erst- bzw. „One-and-only"-Navi.

Wir gehen also wie geplant zum Bahnsteig, wo unser Zug schon bereitsteht. Nach der Fahrkartenkontrolle müssen wir auf dem Bahnsteig noch etwas warten, ehe sich die Türen öffnen und wir uns unsere Plätze suchen können. Der Gang ist breit genug für den Pilgerwagen, wobei wir im normalen Sitzbereich dann aber keine Abstelloption für ihn haben. So wählen wir den Wagen mit Fahrradabstellbereich.

An einem der Tische schreibe ich die bisherigen heutigen Ereignisse (und einen Laufbericht zum letzten Wochenende) in den Laptop. Leider bietet der Zug jedoch kein WLAN, wie dies in den meisten Zügen bei uns üblich ist. Ich habe meinen Text bis hier gerade eben fertig geschrieben und abgespeichert, als Christine mich darauf aufmerksam macht, dass bei unserem Zugwagen die ganze Zeit über „Laroche-Migennes" angezeigt wird. Das ist der dritte von acht Bahnhöfen vor unserem Zielort. Ob dieser Wagen etwa dort abgehängt wird? Ich packe in Windeseile meinen Laptop und das gesamte Getüddel drumherum in meinen Rucksack und keine zwei Minuten später kommen wir in Laroche-Migennes an. Fast im selben Moment erscheint der Zugbegleiter und fordert alle Fahrgäste in unserem Wagen und denen davor auf, in die vordere Zughälfte umzusteigen. Glücklicherweise kann er uns dies auch auf Englisch vermitteln.

Wir haben Glück und finden auch in diesem deutlich volleren Rest-Zug zwei Sitzplätze nebeneinander. „Burrito", Christines Pilgerwagen, passt hier zwar überall durch die Zuggänge, aber zum Abstellen gibt es auch hier nirgendwo Platz.

Als ich hinter Auxerre mal auf die Zugtoilette gehe, sehe ich weitere Rucksackreisende, die gut und gerne Mitpilger sein könnten. In Sermizelles-Vézelay steigen dann außer uns zwei Paare und ein Männer-Duo aus, die sich wie wir auf den Weg in Richtung Vézelay machen. Als wir nach rund 200 Metern die D951 erreichen, gehen die beiden Männer geradeaus und folgen damit weiter einem parallel zur Bahnlinie verlaufenden Weg. Die beiden Paare biegen nach rechts auf die D951 ab.

Landstraße D951 nach Asquins

Ich werfe einen zu flüchtigen Blick in meinen Outdoor-Pilgerführer, der diese Auftaktetappe nur sehr flüchtig beschreibt; Christine sichtet einen Wegweiser in Richtung D951, und so folgen wir den beiden Paaren.

Da erweist sich bereits nach gut einem Kilometer als falsch: Wir sehen zwar frühzeitig in der Ferne die Basilika von Vézelay, aber der nächste kleine Ort am Weg ist nicht Givry, sondern Blanhay. Über **Givry** hätte es eine wenig befahrene Route gegeben, bei der Kito sicherlich die meiste Zeit hätte frei herumlaufen und sich Schatten suchen können. So aber müssen wir rund 6 ½ Kilometer der mäßig verkehrsreichen D951 bis Asquins bleiben.

Jetzt am Nachmittag sind es knapp 30 °C, und auch wenn ich Kito bestmöglich vom Asphalt fernhalte und im Grünstreifen führe, so meldet er bereits nach wenigen hundert Metern seine erste Schattenpause an. Besser wird es für ihn (und uns), als wir endlich Wald und damit langstreckig Schatten erreichen. Außerdem ziehen bald leichte Wolken auf und reduziert sich so die direkte Sonneneinstrahlung.

In **Asquins** gehen wir hinauf zur Kirche. Unser Pilgerführer erwähnt sie nur mehr oder weniger beiläufig. Aber Kito und ich waren auf unserer Schlussetappe im vergangenen Herbst ja schon einmal hier, und so

25

weiß ich mehr: Die **Église Saint-Jaques-le-Majeur** wurde zusammen mit der Via Lemovicensis und mit Vézelay 1998 von der UNESCO in die Weltkulturerbe-Liste aufgenommen. Das Kirchenschiff, der älteste Teil dieser Jakobskirche, stammt aus dem 12. Jahrhundert. **Außerdem gibt diverse Hinweise darauf, dass Asquins und nicht Vézelay der eigentliche, ursprüngliche Beginn der Via Lemovicensis war.** Das *Liber Sancti Jacobi*, auch als *Codex Calixtinus* oder *Codex Calixtus* bekannt, eine fünfteilige Sammelhandschrift aus dem 12. Jahrhundert zum Thema Jakobspilgern, benennt Asquins als Ausgangspunkt der Via Lemovicensis. Demnach war die Jakobskirche hier der Anlaufpunkt der Pilger, die hier – vor allem die Pilger mit Pferden – wesentlich mehr Platz vorfanden als auf dem räumlich beengten Felsen der Basilika in Vézelay. Wir gehen die Via Lemovicensis also so oder so – Asquins oder Vézelay – von ihrem Beginn an!

Église Saint-Jaques-le-Majeur in Asquins

Ab hier beschreibt unser Pilgerführer der Via Lemovicensis eine Route über die sogenannte Grande Rue. Wir dagegen wollen der im Pilgerführer der letztjährigen Route von Trier nach Vézelay beschriebenen Version auf dem GR 654 folgen, wobei wir uns jedoch am Ortsrand kurz verlaufen und ein paar „Bonuskilometer" sammeln. Aber Christine hat auf unserem Navi einen Track gefunden und bemerkt diesen Fehler beizeiten. Wir finden einen ziemlich direkten Weg zur korrekten Route, die wir im oberen Ortsrand Asquins' wiederfinden. Kurz danach erreichen wir dort das alte Waschhaus und können Kitos nun einzige Wasserflasche, die er nach so wenigen Kilometern bereits leer hat, wieder mit frischem, kaltem Wasser auffüllen. Unser Weg wird nun immer steiler und wir zwei Menschen entsprechend immer langsamer. Nur Kito findet die Anstiege wie immer Klasse.

Als unterhalb des **Franziskanerkloster „La Cordelle"** eine sachte aufwärts führende Asphaltstraße unseren steilen Weg kreuzt, sehen wir auf dieser die beiden Männer aus unserem Zug, die als einzige den ruhigeren Weg nach Asquins gingen. Sie sind auf der Grande Rue und müssten nun eigentlich vor uns in unseren steilen Weg abbiegen, was sie jedoch nicht machen.

Am Franziskanerkloster sehe ich, dass das 2023 noch im Bau befindliche Gebäude direkt neben unserem Weg zu einem neuen archäologischen Ausgrabungsprojekt direkt unterhalb des Klosters gehört. Diese Ausgrabungen gab es 2023 noch nicht.

Im letzten ganz steilen Abschnitt direkt unterhalb der Befestigungen der Altstadt **Vézelay**s lässt sich Christine mit ihrem Pilgerwagen langsam zurückfallen und schickt Kito und mich voraus.

Wegweiser zum Chemin de la Cordelle, dem direkten und steilen Weg von Asquins nach Vézelay

Ausgrabungen am Franziskanerkloster La Cordelle

Basilika Sainte-Marie-Madeleine in Vézelay

Während Kito weiter frisch und munter herumhüpft, erreiche ich schweißgebadet endlich um 18:30 Uhr die **Basilika Sainte-Marie-Madeleine**. Heute habe ich leider keine Zeit für sie. Aber ich hatte sie mir am Ankunftstag 2023 ja ausführlich angesehen. Heute gibt es nur ein paar Fotos im schönen Abendlicht. Zwei Minuten später sind Kito und ich endlich im Büro der **Amis et Pelerins de Saint-Jacques** in der 24 Rue Saint-Pierre. Das ist nämlich nur bis 19:00 Uhr geöffnet.

Eine Frau begrüßt uns sehr nett und bietet uns gleich Wasser und Mirabellen an, was ich beides dankend annehme. Sie spricht ein wenig Englisch, aber sehr gut Deutsch, was sie, als sie unseren „Heimathafen" Hamburg mitbekommt, sofort vorzieht. Ich erzähle kurz von unserer heutigen Anreise und dem Diebstahl des kleinen blauen Rucksacks, in dem sich ja auch Christines französischer Pilgerführer befunden hat. Daraufhin konstatiert sie, dass sie einen hierhätte, den jemand hatte liegenlassen und den sie uns schenken möchte. Sie organisiert auch flugs unser heutiges Nachtquartier in der Auberge de Jeunesse und ruft auch gleich dort für uns an. Das macht auch Sinn, denn es ist inzwischen 18:40 Uhr, und die Rezeption dort schließt eigentlich um 19:00 Uhr. So aber wartet die Mitarbeiterin dort nun auf uns. Auch unser morgendliches Quartier im L'Esprit du Chemin kurz vor Anthien (bei Kilometer 25,0 der Südroute) ist nach einem Anruf für uns gebucht. Dort werden wir Abendessen und Frühstück bekommen.

Als um viertel vor sieben zwei weitere Pilger kommen, verabschiede ich mich sehr dankbar. Unten vor dem Haus wartet Christine auf uns. Sie ist völlig überrascht und happy, als ich ihr den neuen Miam Miam Dodo Pilgerführer (und dies ist wirklich die 2024/2025er Ausgabe) übergebe. So ist dieser Verlust unerwartet schnell ausgeglichen.

Wir gehen nun zügig die Hauptstraße durch die Altstadt bergab, passieren unser 2023er Hotel „Relais du Morvan", das heute dunkel ist (es hatte zwischenzeitlich auch im Web ein Verkaufsinserat gegeben) und biegen rund 100 Meter später in die Route de l'Etang ab. Etwa einen Kilometer später haben wir dem Campingplatz und zugleich die Jugendherberge erreicht, wo uns eine junge Frau in der Rezeption erwartet. Wir buchen uns in die Jugendherberge ein, aber nicht in einen Schlafsaal, sondern in eines der „Studios". Im Schlafsaal hätten wir pro Person 16,50 € = 33,00 € bezahlt, das Studio dagegen kostet (inklusive 1,00 € für Kito) 47,00 €. Dafür haben wir einen Raum mit eigenem Eingang, je zwei Etagenbetten, eigenem kleinen Bad und WC ganz für uns.

Das Studio direkt neben dem unsrigen ist bereits bezogen, und zwar von den beiden Männern aus unserem Zug. Sie haben bereits ihre Handwäsche erledigt und die Kleidungsstücke draußen zum Trocknen aufgehängt. Es sind Franzosen aus dem Großraum Paris. Einer der beiden spricht gut und gerne Englisch. Er erzählt, dass er inzwischen quasi alle spanischen Caminos gegangen sei und nun mit seinem Freund eben einen der französischen Hauptwege angeht. Beide werden wir morgen Abend in Anthien wiedersehen.

Wir kochen eine ausreichend Menge Wasser für eine Doppelportion Hühnersuppe, zu der wir unsere letzten 1 ½ Brötchen (der Rest war ja im blauen Rucksack) und ein paar Snickers und Twix essen. Kito und ich genießen unseren Anteil Brötchen natürlich mit Camembert.

Der Kleine hat die Hitze zu Beginn der heutigen Pilgertour längst hinter sich gelassen. Er hat nur ziemlich viel Durst. Nebenbei üben er und ich einen neuen Befehl: „Pfötchen" kennt er inzwischen mehr als gut, auch auf Handzeichen hin reicht er seine rechte Pfote. Aber „Paw" als Aufforderung, unserer linken Hand seine linke Pfote zu reichen, fällt ihm bisher noch schwer. Heute aber ist er sehr erfolgreich bei dieser Übung und genießt die vielen dabei für ihn anfallenden Leckerlies.

Nach dem Abendessen im Freien ziehen wir uns bei einbrechender Dämmerung in unser Studio zurück. Und nach Kitos Abendrunde gegen 22 Uhr duschen wir noch und ziehen uns sodann zum Schönheitsschlaf zurück. Der Tag heute war anstrengend und aufregend...

Tageskilometer: 14,35 km ab Sermizelles

Gesamtdistanz ab Hamburg: 1.568,66 km

Wetter: gut 24 °C, sonnig, schwül

Mitpilger: 6 am Bahnhof, davon 2 in der Auberge de Jeunesse

Erkenntnisse des Tages: Paris ist groß und sehr unübersichtlich. Bei den aktuell stattfindenden Paralympics ist jedoch jede Menge Personal (und Polizei) auf der Straße. Trotzdem kann man selbst nicht aufmerksam genug sein, um nicht trotz des Warn- und Wachhundes bestohlen zu werden. Als „Ausgleich" bekommen wir dann am Abend ein Exemplar der neuesten Pilgerführer-Auflage geschenkt. Und die ersten sechs Mitpilger haben wir auch bereits getroffen.

2. SEPTEMBER 2024
VON VÈZELAY NACH
ANTHIEN, LE CHEMIN

Heute wache ich ohne Wecker auf: Offenbar hatte mein Handy letzte Nacht viel mit Netzsuche zu tun, und so war der gestern Abend noch volle Akku heute früh leer und das Handy passager außer Betrieb. Wir wachen dennoch alle drei um acht Uhr auf und sind eine Viertelstunde später auf den Beinen. Nach Kitos diesmal kurzer Frührunde (er darf ja heute noch weitere 25 Kilometer laufen) ist Christine pünktlich um halb neun an der Rezeption, um das gestern Abend bestellte 400 g schwere Weißbrot zu holen. Das ist ein XXL-Baguette, das genau für unser Frühstück und die Tagesverpflegung passt. Als wir mit dem Frühstück fertig sind, checkt Christine schnell noch die Ergebnisse der Landtagswahlen in Thüringen und Sachsen und konstatiert dann: „Ich geh mit Kito kacken und dann packen!" So geschieht es.

Um 10 Uhr geben wir den Studio-Schlüssel an der Rezeption ab und pilgern los. Den Rückweg nach Vézelay zum Lebensmitteleinkauf verwerfen wir, da es auch in Saint-Père dazu eine Gelegenheit geben soll. (Wobei wir beide nicht wissen, was genau in unserer niederländischen pdf-Liste mit „*Ravitaillement / Supplies / Proviant / Bevoorrading*" gemeint ist.) Stattdessen wählen wir den Feldweg oberhalb unseres Campingplatzes, der uns auf einem direkteren Weg zur Südroute der Via Lemovicensis führt. Zwischen dem Ortsausgang Vézelays und dem Campingplatz verzweigen sich nämlich die Strecken der beiden Anfangsrouten: Die historische Süd-Route führt über Nevers, die etwa 20 Kilometer kürzere, jüngere Nord-Route geht über Bourges. Beide treffen sich in Gargilesse wieder.

Während der ersten halben Stunde haben wir immer wieder herrliche Sicht auf die Basilika Sainte-Marie-Madeleine und die Altstadt Vézelays. Der etwas ausgewaschene Feldweg führt uns kräftig bergab nach **Saint-Père** (oft auch *Saint-Père-sous-Vézelay* genannt, 291 Einwohner). Gleich am Ortsanfang weicht der GR 654 und damit Christines Track nach rechts ab, während mein Outdoor-Pilgerführer und die Markierungen übereinstimmend in den Ort weisen. Wir besichtigen kurz die **Kirche Notre Dame de Saint-Père**. Sie ist, wie Wikipedia zu berichten weiß, „im Burgunder Flamboyant-Stil errichtet und gilt als Meisterwerk dieser Stilstufe der Spätgotik. Das dreischiffige Gotteshaus mit seinem 50 Meter hohen Glockenturm wurde im 13. Jahrhundert erbaut und steht seit 1840 als Monument historique unter Denkmalschutz."

Aussicht auf die Basilika Sainte-Marie-Madeleine Vézelay

Kirche Notre Dame de Saint-Père

Anschließend suchen wir den Laden. Die Boulangerie ist ebenso geschlossen wie der Fleischer. Einzig eine Bar hat offen. Hier gibt es diverse Getränke in 0,5-Liter-Flaschen, Eis und Süßigkeiten. Wir entscheiden uns für eine Flasche Wasser, eine Fanta und zwei Eis, die zusammen 7,90 € kosten.

Wir überqueren im Ort die **Cure** und folgen ihr einige Zeit auf einer kleinen Straße flussaufwärts, bis wir hinter dem Campingplatz nach rechts in einen Feldweg abbiegen. Der steigt nach und nach immer mehr an. Unterwegs überholen uns zwei Niederländerinnen; die eine wohnt in Vézelay, die andere ist bei ihr zu Besuch. Sie sind keine Pilgerinnen, sondern gehen einen 30-km-Rundwanderweg.

Nachdem wir die schöne Aussicht zurück nach Vézelay genossen haben, erreichen wir über Felder **Précy-le-Moult**, von wo uns eine Straße wieder bergab führt. Unser nächster Ort ist **Pierre-Perthus** (105 Einwohner), wo wir die Cure über die hohe Brücke von 1874 überqueren. Hier gibt es Burgreste aus dem 12. Jahrhundert, darunter Reste eines Ausfalltores, und ein befestigtes Haus aus dem 16. Jahrhundert zu sehen, die alle direkt an unserem Weg liegen. Ansonsten gibt es noch die alte Cure-Brücke von 1770 sowie eine Brücke über den Bach Soeuvres, die wir nach dem nächsten Abstieg erreichen und auf der wir eine kurze Rast einlegen.

ansteigender Waldweg hinter Pierre-Perthus

Der nachfolgende Streckenabschnitt besteht überwiegend aus steilen, geröllig ausgewaschenen Waldwegen, die wir mit dem Fahrradbuggy, mit dem wir von Hamburg bis Vézelay unterwegs waren, kaum oder nur mit vereinten Kräften (einer vorn mit Spanngurt ziehend, einer hintern kräftig schiebend) hätten meistern können. Aber auch mit dem Pilgerwagen bedeuten diese Abschnitte immer wieder erheblichen Kraftaufwand und zugleich ebensolchen Zeitverlust.

Gegen 14 Uhr erreichen wir endlich das **Château de Domecy-sur-Cure** und den gleichnamigen Ort (397 Einwohner). Hier hätten wir bei frühmorgendlicher Anreise aus Paris nach Sermizelles vorgehabt zu übernachten.

Schloss Domecy-sur-Cure 1844 vor den baulichen Veränderungen (Quelle: Wikipedia)

Da unser Outdoor-Pilgerführer fast keine Hintergrundinformationen zur Historie und den Sehenswürdigkeiten am Weg enthält, muss ich auch hier nachträglich auf Wikipedia zurückgreifen.

„Das Château de Domecy-sur-Cure ging aus einem festen Haus des 12. Jahrhunderts hervor, das nach Schäden in den französischen Religionskriegen durch die Familie de Loron wiederaufgebaut und wohnlicher gestaltet wurde. Nach diversen Eigentümerwechseln gelangte das Schloss im 19. Jahrhundert an einen Rechtsanwalt aus Avallon, der es in seinen heutigen Formen instand setzen ließ. Die Anlage ist in Privatbesitz und kann nicht besichtigt werden."

Schloss Domecy-sur-Cure vom Pilgerweg aus gesehen

Es ist heute wirklich unangenehm heiß, eindeutig mehr als die angesagten 24 °C, eher gute 30 °C mit zusätzlich hoher Luftfeuchtigkeit. Ich habe meine Kleidung heute bereits zum wiederholten Mal nassgeschwitzt und jetzt um 14 Uhr bereits meinen kompletten Wasservorrat (1,5 Liter) ausgetrunken. Auch Kitos und Christines Wasservorräte sind nahezu aufbraucht. Da kommt uns der Friedhof von Domecy-sur-Cure mit seinem Wasserhahn an der Friedhofsmauer wie gerufen…!

Unser nächster Wegpunkt ist das **Château de Bazoches**, aus dem 12. Jahrhundert, das sich seit 1675, also seit 249 Jahren, im Besitz der Familie des Marschalls de Vauban befindet.

Sébastien Le Prestre, Seigneur de Vauban (1633-1707) war französischer General, Festungsbaumeister Ludwigs XIV. und Marschall von Frankreich. Er gilt zu Recht als der bedeutendste Militärarchitekt der Barockzeit. In seinen 56 Dienstjahren hat Vauban, schon zu Lebzeiten mit dem Ehrentitel *Ingénieur de France* belegt, 33 neue Festungen geplant und war am Bau beziehungsweise Um- oder Ausbau von 160 Festungsanlagen beteiligt. Als sein Hauptwerk gilt die Festungsstadt Neuf-Brisach/Neu-Breisach. Darüber hinaus hat er einen ebenso großen Beitrag zur Belagerungskunst geleistet hat. Als Soldat und Feldherr nahm er an über 50 Belagerungen und 140 Gefechten teil und wurde mehrfach verwundet. Dabei wandte er sich gegen wahllose Beschießung von Städten mit dem Ziel, sie zur Aufgabe zu zwingen. Er legte auch viel Wert darauf, so geringe Verluste wie möglich unter den eigenen Soldaten zu erleiden. Bei der Belagerung von Maastricht führte er 1673 das Angriffssystem der Parallelen ein, bei dem man sich systematisch durch Parallelgräben an die Festungsmauern vorarbeitete und so die eigenen Verluste geringhielt.

Das Château de Bazoches wurde von ihm zum Landsitz für seine Familie, aber auch zum technischen Hauptquartier mit einem eigens angefügten Atelierflügel ausgebaut. Es kann besichtigt werden, wobei der Eintrittspreis von 10 € vielleicht okay ist, aber auch nicht gerade geschenkt. Außerdem ist uns beiden bereits sonnenklar, dass unsere anvisierte Ankunftszeit um 18 Uhr in unserem abendlichen Quartier nicht mehr machbar ist. Die Frage ist also nicht, ob sondern wie lange wir diese Zeit überziehen werden.

Vom Château de Bazoches führt uns eine Asphaltstraße hinab nach **Bazoches** (171 Einwohner). Die dortige **Pfarrkirche Saint-Hilaire** aus dem 12. Jahrhundert ist eingerüstet und wird derzeit renoviert. Diverse Tafeln weisen auf den Marschall de Vauban hin, dessen Grablege sich in einer Seitenkapelle der Kirche befindet. Wir ziehen zügig weiter in die nächste Talsenke und dann den nächsten langen, ausgewaschenen Anstieg in der prallen Sonne hinauf.

Kito rennt bereits seit geraumer Zeit – meinem Befehl „Lauf los und such dir Schatten!" folgend – voraus und wartet im Schatten auf seine Menschen. Nur so ist der heutige Tag für den Kleinen erträglich. So ist zu hoffen, dass er sich deutlich weniger quält als wir.

Auf der nächsten Anhöhe legen wir neben der **Pilgerkapelle Saint-Roch** eine etwa halbstündige Rast ein. Die haben wir alle drei dringend nötig. Wir essen und trinken, bevor wir etwas frischer weiterziehen. Die Strecke verläuft bald darauf eine Zeitlang flach und senkt sich dann sachte nach **Neuffontaines** (99 Einwohner) ab. An der dortigen **Kirche La Nativité-de-Notre-Dame** biegen wir nach links in den nächsten

Anstieg ab. Dieser Wegabschnitt ist ziemlich neu asphaltiert und der Straßenbelag daher tiefschwarz. In der Mittagssonne wäre diese Straße für Kitos Pfoten nicht machbar. Zum Glück ist es jedoch bereits später Nachmittag und vor allem zunehmend bewölkt.

Landschaft hinter Bazoches

Pilgerkapelle Saint-Roch

vor Neuffontaines

neu asphaltierte Straße hinter Neuffontaines

Als wir gegen 17:40 Uhr fast eine querende Straße und zugleich die Anhöhe erreicht haben, rufe ich in unserem Quartier an und berichte, wo wir sind und dass wir noch vier Kilometer vor uns haben und mindestens eine Stunde dafür benötigen werden.

38

Die kurz darauf rechts unseres Wegs auf einer Bergkuppe thronende **Chapelle Saint-Symphorien Mont Sabot** aus dem 12. Jahrhundert haben wir nicht auf unserem heutigen Plan. Wir lassen sie einfach rechts liegen. Dasselbe gilt auf für den Ort Chitry unter uns im Tal. Wir bleiben auf der relativ flachen Hangstraße und erreichen **Vignes-le-Haut**.

Am Ortsende zweigt ein markierter Pfad nach links, der offenbar eine kleine Abkürzung nach **Vignes-le-Bas** ist. Wir folgen jedoch der asphaltierten Straße, so wie dies im gelben Pilgerführer beschrieben ist. Gleich am Ortsanfang von Vignes-le-Bas, dort wo der kürzere Pfad auf unsere Straße trifft, geht es nach rechts in einen Feldweg.

Am nächsten Wegweiser sehe ich ein kleines Schild „L'Esprit du Chemin 1,8 km", wobei ich zunächst „1,3 km" lese und die richtige Angabe erst später auf meinem Foto erkenne. Diese letzten 1,8 Kilometer sind zunächst flach, steigen jedoch bald heftig an. Christine und ich müssen noch einmal richtig kämpfen. Unterwegs pflücke ich eine ganze Handvoll leckerer, vollreifer Brombeeren, während Kito damit beschäftigt ist, einer Katze klarzumachen, dass sie hier nichts zu suchen hat. Als wir dann jedoch die rund 350 Meter entfernten Häuser von **Le Chemin**, eines zu Anthien gehörenden Weilers, sehen, sind wir happy. Und um 19:13 Uhr erreichen wir dann endlich *L'Esprit du Chemin*, wo wir bereits erwartet und freundlich begrüßt werden.

letzter Abschnitt vor Anthien, Le Chemin

L'Esprit du Chemin ist eine private Pilgerherberge, die 2014 von Arno Kuppen und Huberta Wiertsema, einem niederländischen Pilgerpaar, gegründet wurde. Sie ist vom 1. April bis 1. Oktober geöffnet. Das wunderbar renovierte Gebäude stammt in seinem Kern aus dem 16. Jahrhundert. Aktuell sind Arno und Huberta nicht da, aber dafür drei sehr nette Hospitaleras, von denen die eine hier bereits seit zehn Jahren im Einsatz ist. Die Herberge hat 14 Betten (anfangs waren es nur fünf). Reservierungen machen nicht nur wegen der Bettenzahl Sinn, sondern auch für die Verpflegung: Es gibt für die hier einkehrenden Pilger nämlich Abendessen und Frühstück. Die Bezahlung erfolgt auf Donativo-Basis, wobei 25-30 € zur Kostendeckung des Herbergsbetriebs erwartet werden.

Wir bekommen – offenbar „dank" Kito – die besten Räume: eine fast vollständige Wohnung mit Küche, kleinem Bad (mit Dusche und Waschbecken), einem geräumigen Wohn-/Esszimmer und einem Schlafzimmer mit einem fertig bezogenen Doppelbett. Allerdings darf sich Kito nur in der Küche aufhalten. Außerdem müssen alle Pilger, nachdem sie ihre Wertsachen und sonstigen noch benötigten Utensilien entnommen haben, ihre Rucksäcke in einem zentralen Gestell im Eingangsbereich der Herberge deponieren. Diese Regel dient dazu, dass hier niemand unbeabsichtigt Bettwanzen einschleppt.

Kito ist hundemüde, lässt sich sofort auf seiner Decke nieder und fällt in seinen üblichen Tiefschlaf. Er reagiert nicht, als wir kurz vor 20 Uhr zum Abendessen aufbrechen. Hier sitzen wir zu acht – drei Hospitaleras und fünf Pilger – an einem dezent, aber stilvoll gedeckten Tisch. Nach einer kurzen Begrüßung und einem Moment der Stille und Besinnung beginnt das Drei-Gänge-Menü, das weitestgehend aus Produkten des eigenen Gartens besteht. Zunächst gibt es eine sehr leckere Tomatensuppe mit Kartoffeln und Salbei, dann mit Äpfeln gekochte Nudeln, separat dazu Rote Beete und einen Salat, in dem ebenfalls Äpfel enthalten sind. Und als Nachtisch gibt es leckere Apfeltorte. Alles ist ohne Fleisch und extrem schmackhaft.

Zwei der anderen drei Pilger kennen wir bereits von unserem gestrigen Quartier. Jetzt erfahren wir auch ihre Namen: Christian und François. Christian war überrascht, als er ankam, seinen Namen sagte und gefragt wurde, wo denn der Hund sei. So gibt es heute hier einen „Christian sans chien" und einen „Christian avec chien". Und dann ist dann noch Sophie, die alleine unterwegs und deutlich zurückhaltender ist als „Christian sans chien". Wir sprechen meist Englisch, aber hier und dort auch etwas Französisch oder Deutsch. So vergeht die Zeit wie im Flug, und es bereits fast 21:30 Uhr, als wir das Essen offiziell beenden und jeder sein eigenes Abendprogramm startet. Zuvor jedoch müssen wir alle unsere Credencials abgeben.

Als wir zu Kito zurückkommen, ist der inzwischen wach und ganz verängstigt, weil er sich von uns verlassen fühlt. Da er nicht zu uns ins Schlafzimmer darf, sondern in der Küche schlafen muss, beschließen wir, mit unseren Isomatten und Schlafsäcken bei ihm zu nächtigen. Kito ist jetzt eher beleidigt, dass wir ihn zurückgelassen haben, und knurrt mich an, als ich mit ihm kuscheln will. Dann eben später…

Zum Schreiben komme ich nicht mehr viel, sondern gehe lieber früher „zu Bett".

Tageskilometer: 25,90 km

Gesamtdistanz ab Hamburg: 1604,56 km

Wetter: um und bei 30 °C, sonnig, schwül

Mitpilger: 3, „Christian sans chien", François und Sophie, insgesamt nun 7

Erkenntnis des Tages: Auch Kitos 150. Pilgertag war wieder sehr kurzweilig und anspruchsvoll und hat uns erstmals in eine klassische Pilgerherberge mit Volunteers und Mitpilgern geführt. Trotz der Anstrengungen, die wir so nicht erwartet hatten, haben wir den Tag mit dem kleinen Pilger aber sehr genossen.

3. SEPTEMBER 2024
ANTHIEN, LE CHEMIN NACH
CHAUMOT

Heute gibt es ein richtig ausgiebiges Pilgerfrühstück: Um halb neun (unsere Hospitaleras waren gestern Abend froh, dass wir uns alle einvernehmlich auf diese Zeit festgelegt hatten und sie nicht früher aufstehen müssen) treffen wir uns im großen Saal. Es gibt Kaffee, dazu aufgeschäumte, warme Milch sowie normale Milch, mehrere Sorten Marmelade, eine Nuss-Nougat-Creme, Brot und Saft. Die Stimmung unter uns fünf Pilgern ist sehr herzlich.

von rechts: Christian sans chien, François, Christine, Sophie und ich

Bevor wir starten, tragen wir uns noch ins dicke Gästebuch ein, entrichten unser Donativo in eine Spardose und treten vor der Haustür noch für diverse Gruppenfotos an. Dabei bekommen wir auch unsere Credencials zurück, die nun alle einen liebevoll bunt ausgemalten Stempel haben. Die anderen drei haben schneller gepackt als ich, so dass sie etwa eine Viertelstunde Vorsprung haben, als wir drei uns um 10:15 Uhr auf den Weg machen. Zunächst geht es einen schmalen Pfad hinab ins

Dorf **Anthien** (167 Einwohner). Die **Dorfkirche Saint-Laurent** ist zwar geöffnet, aber mit einem Gitter gesichert, so dass man nur hineinschauen, sie aber nicht betreten kann. Wir folgen der verkehrsarmen D284, von der wir später halbrechts in die C3 abbiegen.

Motto „gar nicht weiter ignorieren..."

von rechts: Christine, Christian sans chien, Sophie und François

In **Sancy-le-Bas** schließen wir dann unverhofft zu Christian (ohne Hund), François und Sophie auf. Die nächsten Kilometer gehen wir nun zu sechst. Kito muss die ersten Minuten noch mit Maulkorb pilgern, bis wir sicher sind, dass er die drei anderen problemlos akzeptiert.

Im Bereich **Charpuis** ist der Weg ein gutes Stück gänzlich anders markiert als im Outdoor-Führer beschrieben, wobei wir alle den Markierungen folgen. So erreichen wir – vorbei am **Brunnen Sainte-Agathe** – gegen 13:15 Uhr nacheinander **Corbigny** (1363 Einwohner), wo die anderen drei sich in einem Lokal im Zentrum niederlassen.

Friedhof vor Corbigny

Da das Rathaus um 13:30 Uhr wieder öffnet, verweilen wir kurz vor selbigem und holen uns kurz vor halb zwei unsere Pilgerstempel. Eine seit 60 Jahren mit einem Franzosen verheiratete Salzburgerin versucht uns zu einem Einkauf im gegenüberliegenden Lebensmittelladen ihres Sohnes zu überreden, der jedoch von 13 bis 15 Uhr wegen Mittagspause geschlossen ist. Stattdessen gehen wir zum rund 500 Meter entfernten Supermarkt „bi1", den man uns im Rathaus empfohlen hat. Hier kaufe ich zwei 1-Liter-Flaschen Limo, eine Flasche Rotwein, Hundefutter, drei Baguettes und Camembert! Alles in allem haben wir rund 1 ¾ bis 2 Stunden hier in Corbigny verbracht, was uns jedoch bei unserer heutigen „Kurzetappe" nicht anficht.

Hinter Corbigny biegen wir in die „alte Straße nach Chitry" ein. Sie ist unbefestigt und die meiste Zeit über eigentlich mehr ein Feldweg. Dafür gibt es auf der linken Wegseite ein fast erntereifes Sonnenblumenfeld.

auf der „alten Straße nach Chitry"

Chitry-les-Mines (221 Einwohner) ist eigentlich ein unbedeutender kleiner Ort. Immerhin hat es jedoch ein Schloss aus dem 14. Jahrhundert und die **Kirche St. Martin** aus dem 15. Jahrhundert zu bieten. Die Außentür der Kirche ist unverschlossen, die Innentür dagegen verschlossen. Immerhin könnten wir die Kirchenglocken läuten, um jemanden mit dem Kirchenschlüssel zu rufen. Wir lassen diesen reizvollen Gedanken jedoch fallen. Dagegen entdecken wir neben der Kirche ein Denkmal für den aus Chitry stammenden Schriftsteller **Jules Renard**, das – was ich erst am Abend herausfinde – sein Grab schmückt. Renards bekanntestes Werk ist die 1894 erschienene Geschichte *Poil de Carotte* (Rotfuchs), die während meiner Schulzeit im Französisch-Unterricht Pflichtlektüre war.

Über eine ehemalige Eisenbahnbrücke überqueren wir die Yonne und kurz nachdem wir das auf dem Kopf stehende Ortsschild von Chaumot passiert haben, auf einer modernen Straßenbrücke auch den **Canal de Nivernais.**

Die kopfstehenden Ortsschilder, die uns ab hier immer wieder begegnen, sind Zeichen der Bauernproteste.

Rund 200 Meter später sind wir am heutigen Tagesziel, dem **Camping de l'Ardan**. Es ist gerade 15:45 Uhr. Bei der Anmeldung können wir deutsch sprechen. Der Platz wird von Niederländern geführt, und auch die meisten Gäste kommen aus unserem Nachbarland. Wir beziehen – für 65 € inklusive Frühstück – einen hübschen, etwas altmodischen Wohnwagen mit einem großen Bett, einer Sitzecke mit zwei Bänken und Tisch, Kühlschrank, Kaffeemaschine, Wasserkocher und Heizung. Letztere benötigen wir nicht.

Nach unserem Einzug lassen wir uns vor unserem neuen Domizil nieder. Hier gibt es vier Stühle und einen Tisch. Zunächst wird Kito versorgt, der viel trinkt und alle angeschwitzten bzw. angefeuchteten Trockenfutter-Reste aus meiner Hosentasche verschlingt. Sonstiges Trockenfutter lehnt er ab. Wir selbst widmen uns den in Corbigny gekauften Baguettes, der Marmelade und dem Camembert. Von unserem Essen will Kito natürlich auch seinen Anteil, den er sich auch verdient hat. Ansonsten schläft er viel und gut und genießt – ebenso wie wir – den heutigen frühen Feierabend.

Nach Christines „Mittagsschlaf" sitzen wir dann noch bis halb zehn draußen vor unserem Caravan bei Rotwein und Baguette, duschen dann beide noch schnell, bevor ab 22:30 Uhr wegen einer Leckage das

Wasser im Sanitärgebäude abgestellt wird. Nach Kitos Abendrunde gehen Christine und Kito zu Bett, und kurz vor Mitternacht liege ich ebenfalls dort. Morgen stehen 33 Kilometer an.

Pilgermahl am späten Nachmittag vor unserem Domizil

Tageskilometer: 16,02 km

Gesamtdistanz ab Hamburg: 1620,58 km

Wetter: um 24 °C, heiter bis wolkig, schwül

Mitpilger: 3 (dieselben wie gestern), damit insgesamt weiterhin 7

Erkenntnis des Tages: Auch wenn wir heute gerne noch gut fünf Kilometer mehr gegangen wären, so waren die heutige Kurzetappe und der frühe Feierabend sehr angenehm. Und mit Rotwein, Baguette und Camembert stimmte auch die Tagesverpflegung.

4. SEPTEMBER 2024
CHAUMOT NACH PRÉMÉRY

Die Nacht im Wohnwagen ist gut. Vor allem ist sie trocken, während es draußen kräftig regnet. Als gegen 6:45 Uhr Christines Handy-Wecker klingelt, kuscheln wir zu dritt noch ein wenig im Bett, ehe wir um viertel nach sieben aufstehen. Kito muss auf seine Frührunde.

Das Wasser in den Sanitäranlagen ist wieder angestellt. Kurz nach halb neun haben wir alles gepackt und verlassen „unseren" Wohnwagen. Unser Frühstück für 7 €/Person besteht aus einer kleinen Tasse Kaffee, einem Glas frisch gepresstem Orangensaft, einem Stück Baguette, einem Croissant, einem gekochten Ei, etwas Butter und etwas Marmelade. Die zweite Tasse Kaffee schlägt mit 2,25 €/Person zu Buche. Alles ist durchaus lecker, aber etwas wenig für ausgewachsene Pilger vor einer 33-Kilometer-Tagesetappe. Um 9:23 Uhr (geplant war: zwischen 9:15 und 9:30 Uhr) wandern wir los. Die Straßen und Wege sind noch nass vom Regen, der erst um acht Uhr ganz aufgehört hat, und es sind angenehme 16 °C. Bei solchen Bedingungen kommen wir natürlich deutlich besser voran als bei der vorgestrigen Hitze.

Nach 400 Metern auf der D130 biegen wir von ihr nach links in die kleine verkehrsarme Rue de Mèzieres ab, die die nächsten gut zwei Kilometer kontinuierlich ansteigt. Wir passieren den befestigten Bauernhof **Le Bouquin** und gewinnen weiter an Höhe. Am Ortsanfang von **Pazy** (291 Einwohner) passieren wir den örtlichen Friedhof. Hier soll laut einer unserer Wegbeschreibung ein Wasserhahn sein. Den benötigen wir zwar nicht, aber da die gesamte Straßenfront des Friedhofs niedergerissen wurde, gibt es ihn vielleicht derzeit auch nicht. An der nächsten Straße biegen wir nach links und sofort wieder nach rechts ab und zickzacken ein wenig durchs Dorf. Schließlich geleitet uns ein Pfad mit Unmengen reifer Brombeeren in die umgebenden Weideflächen, wo sich früher ein Quarantänebereich für Pilger aus Pest-Gebieten befand.

Bei Tageskilometer 6,2 erreichen wir **Prélichy** und 2,7 Kilometer später **Guipy** (227 Einwohner), nach weiteren 3,6 Kilometern dann **Brèches**. Das sind alles nur kleine Orte ohne eigene Sehenswürdigkeiten, die wir zügig durchqueren. Die Wege dorthin, dadurch und zwischen ihnen hindurch sind teils kleine verkehrsarme Straßen, teils landwirtschaftliche Wege. Ein 1,2 Kilometer langer und zuletzt steil bergauf führender

Trail-Abschnitt kurz vor **Saint-Revérien** (181 Einwohner) lässt uns einmal mehr völlig schweißgebadet oben ankommen.

ehemaliges Quarantäneareal für Pilger aus Pest-Gebieten hinter Pazy

Pilgerwegsegment zwischen Guipy und Saint-Revérien

Die Pilgerherberge im ehemaligen Postamt Saint-Revérien nimmt leider keine Hunde auf.

Die Église Saint-Revérien gehört zu einem ehemaligen Priorat der Benediktiner.

Das Rathaus des Ortes ist nicht zu übersehen (allerdings am heutigen Mittwochnachmittag nicht geöffnet), die städtische Pilgerherberge im einstigen Postamt auch nicht. Hier treffen wir einen kanadischen Pilger aus Montreal, der sogleich das Gespräch mit uns sucht. Wir besichtigen noch die hübsche romanische **Église Saint-Revérien**, deren Anfänge auf eine Klosterkirche des 12. Jahrhunderts zurückgehen. Das Kloster gehörte als Priorat zu den Benediktiner-Abteien Saint-Martin d'Autun und Cluny, und die Kirche war als Pilgerstation sehr frequentiert.

Den Ort verlassen wir über eine alte Römerstraße. Wie die meisten anderen solchen Römerstraßen auf dieser Tour ist sie in sehr schlechtem Zustand.

Die Römerstraßen sind auch nicht mehr das, was sie einmal waren.

In **Sancenay** erreichen wir erneut die D977bis. Hier finden wir aber auch einen schönen Picknickplatz auf einem alten Brunnen. Ansonsten nervt uns die D977bis, weil sie keinen Geh-/Radweg hat, aber ziemlich viel Autoverkehr. So sind wir froh, sie 700 Meter hinter **Les Ombreaux** wieder verlassen und auf eine ältere Parallelstraße abbiegen zu können.

Die führt uns über eine Hügelkuppe nach **Moussy** (105 Einwohner), das einerseits gleich mehrere hübsche Rastplätze anbietet und andererseits die hübsche und offene **Kirche Saint-Rémy** aus dem 16. Jahrhundert hat.

Wieder auf der D977bis, „dürfen" wir ihr ganze vier Kilometer folgen. Kito mag diesen Abschnitt nicht. Wir sind ganz seiner Meinung. Als wir kurz vor 17 Uhr in **Boulon** in die deutlich kleinere und ruhigere D107 abbiegen können, kümmern wir uns endlich um unser heutiges

Quartier. Da das *Le Saint-Jacques* in Prémery, unsere erste Wahl, wegen Urlaub zu ist, versuchen wir unser Glück beim *Le Resto des Copains*. Hier bekommen wir auch sofort eine Zusage, wobei wir unsere Ankunft auf 19 Uhr veranschlagen.

Etwa drei Kilometer vor Prémery passieren wir die Pilgerherberge **Le Coeur du Chemin**, deren Besitzer (oder Volunteers), ein Mann und eine Frau, uns vor dem Haus vorbeikommen sehen und ansprechen. Ich verweise darauf, dass Hunde bei ihnen ja nicht ins Haus dürfen und wir daher – nolens, volens – weitergehen. Sie scheinen es zu bedauern.

Prémery zieht sich ziemlich hin, aber kurz vor 19 Uhr erreichen wir dann endlich das **Le Resto des Copains**, wo wir erwartet werden. Der Wirt ist etwas merkwürdig. Er geleitet uns durch sein Lokal im Erdgeschoss bis zur Treppe und sagt dann, wir sollten bis in die zweite Etage hochgehen. Hier haben wir drei Drei-Bett-Zimmer zur Auswahl, die alle zusammengewürfelt und altmodisch möbliert, aber wenigstens geräumig sind. WLAN gibt es nicht, aber ein Bad mit Dusche und Waschbecken und ein WC. Den Pilgerwagen aste ich auch nach ganz oben. Für ihn ist Platz genug im Zimmer.

Nach einem suchenden Stadtrundgang von rund 800 Metern landen wir dann doch im Restaurant unseres Wirtes. Hier haben wir die Auswahl zwischen einem Menü für 17 € und diversen Burger-Varianten ab 12 €. Wir nehmen jeder einen Classic-Burger. Christine bekommt dazu einen halben Liter Wein, während mein Glas Bier erst serviert wird, als ich schon zu Ende gegessen habe. Christine belacht sich und erklärt mir, diese spröde Bedienung sei ihrer Erfahrung nach typisch in Frankreich.

Als wir gegen 22:30 Uhr wieder im Zimmer sind, bin ich zu müde, die heutige Niederschrift zu erstellen. Die muss bis morgen Abend warten.

Tageskilometer: 32,21 km

Gesamtdistanz ab Hamburg: 1652,79 km

Wetter: um 20 °C, heiter bis wolkig, ab Mittag schwül

Mitpilger: 1 Kanadier in Saint-Révérien & 2 Ladies im Hotel, damit insgesamt 10

Erkenntnis des Tages: Gut 32 Tageskilometer haben uns heute ganz schön geschlaucht. Aber wir haben es geschafft und dabei so manches erlebt.

5. SEPTEMBER 2024
PRÉMÉRY NACH GUÉRIGNY

Heute sind wir um halb acht auf den Beinen. Da es bei Kitos Frührunde noch leicht regnet, wollen wir unsere Rucksäcke heute regenfest ausstatten. Das Packen geht zügig vonstatten, sieht man davon ab, dass Christine ihren rund 60 € teuren Regenponcho, den sie gestern bei Kitos Frührunde auf dem Campingplatz in Chaumot getragen hat, vermisst. Sie vermutet, dass sie den auf den Stühlen vor unserem Caravan hat liegenlassen und er damit verloren gegangen ist. Die Stimmung in unserem Zimmer ist so ziemlich auf dem Tiefpunkt. Glücklicherweise findet sich der Poncho aber dann doch: Er hatte sich nur versteckt!

Um halb neun checken wir unten im Lokal aus, nachdem wir unsere Rücksäcke und den Pilgerwagen die zwei steilen Treppen hinuntergewuchtet haben. Für die Übernachtung berechnet uns der Wirt 48 €, fürs gestrigen Abendessen 32 €, und die beiden Tassen Kaffee, die Christine als „Frühstück" bestellt, kosten 5 € - summa summarum 85 €. Wir sind ganz zufrieden, hatten wir doch insgeheim mit mehr gerechnet.

Das Château in Préméry, vom 14. bis 17. Jahrhundert Sommerschloss der Bischöfe von Nevers, hat seine besten Tage hinter sich.

Nach dem Kaffee brechen wir auf. Wir gehen zunächst die Grande Rue nach rechts bis zur Mairie. Hier verproviantieren wir uns erst einmal: Ich kaufe beim Bäcker Brot, zwei Rosinenschnecken und zwei Apfeltaschen, Christine beim Schlachter nebenan gekochten Schinken und Cabanossi. Die Tourist-Information öffnet erst um zehn Uhr; so lange wollen wir aber nicht warten. Wir werfen noch einen Blick auf das Château, das vom 14. bis 17. Jahrhundert das Sommerschloss der Bischöfe von Nevers war. Das Schloss hat seine besten Tage eindeutig hinter sich und könnte nicht nur etwas neue Farbe, sondern auch etwas mehr an Restaurierung gebrauchen.

unser Hotel in Préméry, das linke Dachfenster gehört zu unserem Zimmer.

Als wir um 9:35 Uhr an unserem Hotel vorbeikommen, strebt Kito schnurstracks auf den Eingang zu. Er würde sicher gerne noch ein paar Stunden im Bett schlafen. Aber jetzt gehen wir an der Grande Rue nach links und damit „auf Strecke". An der ersten Kreuzung gehen wir geradeaus in die D148. Bis zum Ortsausgang kommen wir an ehemaligen Fabrik- und Industriegebäuden sowie an einem ausgebrannten Auto vorbei. Hinter dem Ort, nach 1,5 Kilometern, biegen wir dann in einen zunächst noch asphaltierten, dann unbefestigten Feldweg ein, mit dem wir den ersten Ort, **Pourcelanges**, quasi umgehen. Erst als wir die D148 wieder erreichen, gehen wir bei den letzten Häusern doch noch ein wenig durch den Ort. Die Straße steigt nun längere Zeit an, was auf Asphalt und bei knapp 18 °C heute aber viel besser geht als an den Vortagen.

Oben auf der Höhe biegen wir am ersten Abzweig nach rechts in die C3 ab und durchqueren bergab **Grand Rigny** und **Petit Rigny**. In den Orten, die wir heute durchwandern, gibt es ausgesprochen viele Hunde, die ihre Grundstücke bewachen, manchmal sogar in Rudeln zu 5-6 Hunden. Ein Terrier büxt aus seinem Terrain aus und verfolgt uns fast einhundert Meter. Er ist weiß-braun, ähnelt Kito aber in Körperbau, Kopfform und Körpergröße sehr. Er hat sogar den gleichen coupierten Stummelschwanz. Mir ist Kitos Terrier-Anteil noch nie so deutlich bewusst geworden.

Von Rigny aus rufen wir unser ausgewähltes privates Pilgerquartier für heute an. Der Anrufbeantworter teilt uns mit, dass erst am Nachmittag jemand zu Hause sein wird, woraufhin ich auf Englisch unsere Übernachtungsanfrage hinterlasse.

Wir überqueren – inzwischen in einem Tal – die Rénevre, und zwar gleich zweimal, befanden uns also kurz auf einer Art Insel dieses Baches. Auf der zweiten Brücke machen wir endlich unsere erste Tagesrast. Es ist kurz vor zwölf, und wir haben bereits gut zehn Kilometer hinter uns. Das frische Weißbrot schmeckt prima, wobei ich meinen vorgestern gekauften und deutlich nachgereiften Camembert als ganzes Stück zwischen die beiden Brothälften lege. Das schmeckt Kito und mir vorzüglich.

Als wir in Richtung Mavron weitergehen, ärgert mich plötzlich und vor allem zunehmend meine rechte Wade. Hier hatte ich zwischen Vézelay und Anthien bereits muskelkaterartige „Beschwerden", die an den beiden Tagen danach jedoch wieder komplett abklangen. Jetzt fühlt sich die Wade aber mindestens nach Muskelkrampf an. Da der sich jedoch nicht durch Stretchen beheben lässt, sieht es eher nach einer Muskelzerrung oder einem Muskelfaserriss aus, wobei ich aber kein auslösendes Ereignis erinnere.

Christine meint, ich hätte auch zu wenig getrunken. Das stimmt, und aus Erfahrung weiß ich, dass auch Dehydrierung die Wadenmuskulatur verhärten kann. Also trinke ich fleißig und humpele mit Christine und Kito durch **Mavron** und von dort in Richtung **La Fontaine-du-Bois**.

Etwa 1,4 Kilometer später erreichen wir mitten im Wald eine Wegkreuzung mit zahlreichen Picknickbänken. Unser erfahrener Spezial-

Suchhund findet sofort die Bank mit zusätzlichem Picknicktisch, auf der wir uns auch für gut 20 Minuten niederlassen. Ich trinke weiter fleißig, werfe ein paar Salztabletten ein und genieße meine heute in Préméry gekaufte Rosinenschnecke. Als wir wieder aufbrechen und unsere letzten gut drei Tageskilometer in Angriff nehmen wollen, erreicht mich eine SMS, dass unsere angerufene Pilgerunterkunft in Guérigny nicht mehr existiert.

Mein Humpeln bis zum Tagesziel in **Guérigny** wird mit der Zeit etwas flüssiger und eleganter, ist aber nicht abzustellen. Im Rathaus frage ich die nette Empfangsdame nach Übernachtungsmöglichkeiten für uns drei. Im *Refuge municipal* ist leider – um 16:20 Uhr – nur noch ein Platz frei (es gibt auch nur vier), aber wir könnten neben der Herberge auch gratis zelten und für den halben Preis, also für 15 €, dabei auch die Küche und die Sanitäranlagen mitbenutzen. Alternativ gibt es schräg gegenüber das **Hotel Le Commerce**, das nach Besitzerwechsel gerade erst vor zwei Wochen wiedereröffnet hat. Sie ruft für uns an. Ja, wir können dort mit Hund übernachten, wobei das DZ mit einem (!) Frühstück 78 € und mit zwei Frühstücken 85 € kostet. Da es die letzten Nächte nicht zu knapp geregnet hat, lasse ich mich auf dieses teure Angebot ein.

Wir gehen die weniger als einhundert Meter hinüber zum Hotel. Man weist uns ein kleines Zimmerchen mit großem Bett, einem Stuhl und einem winzigen Schränkchen zu. Tisch, Wasserkocher etc. sind Fehlanzeige. Immerhin haben wir ein kleines Bad mit Waschbecken, Dusche und Toilette.

Essen dürfen wir auf dem Zimmer auch nicht, wie der Wirt Christine klarmacht, als sie gegen 19 Uhr vom Einkauf im Intermarché (der macht übrigens bereits um 19:15 Uhr zu) zurückkommt. Das dürfen wir allenfalls draußen auf der Hotel- und Restaurantterrasse. Das lassen wir uns auch nicht nehmen, zumal das Restaurant eh seit 18 Uhr geschlossen ist. WiFi gibt es auch nicht.

Wir sind ziemlich sauer über das schlechte Preis-Leistungs-Verhältnis. Immerhin wird die morgige Übernachtung in Nevers den finanziellen Part etwas ausgleichen. Ich kann nämlich über die Rathaus-Empfangsdame ein privates Pilgerquartier dort buchen. Das läuft auf Donativo, wobei mindestens 15 € pro Person erwartet werden.

Kito stört dies alles gar nicht. Er ist lediglich etwas irritiert, als ich nach dem Duschen große Handwäsche mache und Trekkinghose, T-Shirt, Socken und Unterhose im Bad aufhänge. Ansonsten ist er das, was er immer ist: abwechselnd müde, hungrig und schmusig. Die meiste Zeit liegt er auf seiner Kuscheldecke und schnarcht vor sich hin.

Tageskilometer: 20,62 km

Gesamtdistanz ab Hamburg: 1673,41 km

Wetter: um 18 °C, meist bedeckt

Mitpilger: nur die 2 Ladies vom Hotel, damit weiter insgesamt 10

Erkenntnis des Tages: Die heutige überschaubar kurze Tagesetappe gehört nicht zu unseren Pilgerhighlights. Hoffentlich erholt sich meine rechte Wade wieder rasch. Und das Hotel Le Commerce können wir definitiv nicht empfehlen!

Kito hat sich bestens an Christines Pilgerwagen gewöhnt und geht an viel befahrenen Straßen souverän neben ihm her.

6. SEPTEMBER 2024
GUÉRIGNY NACH NEVERS

Heute verschlafen wir beinahe das Frühstück, schaffen es aber dann mit einem kleinen Zwischenspurt doch noch, rechtzeitig um 8:30 Uhr unten im Restaurant zu sein. Der Wirt ist heute äußerst nett und sehr bemüht. Als Frühstück gibt es diesmal für jeden eine große Tasse Kaffee, ein Croissant, ein Stück Baguette (bereits vom Wirt mit Butter bestrichen) und dazu hausgemachte Marmelade (von seiner Mutter im Juni selbst eingekocht).

Als ich ihn um Pilgerstempel für unsere Pilgerpässe bitte, ist er etwas überrascht. Das kennt er offenbar noch nicht. Na gut, er hat das Hotel ja auch gerade erst vor zwei Wochen neu übernommen. Bei der Rechnung berechnet er für das zweite Frühstück statt der angekündigten 7,00 nun 7,90 € und kommt mit den 78 € fürs Zimmer und das erste Frühstück in Summe 87,90 €. Dass es „nur" 85,90 € sind, ist ihm dann doch etwas peinlich.

Um Punkt 10 Uhr sind wir wieder unterwegs. Noch in Guérigny überholt uns eine andere Pilgerin; sie ist # 11 auf diesem Weg. Sie hatte wohl nach mit den beiden Ladies, die wir bereits in Préméry trafen, das dritte von vier Betten im Refuge municipal belegt und will heute auch nach Nevers.

Die Strecke ist gut zu finden. Sie besteht fast durchgehend aus unterschiedlich frequentierten Landstraßen, was bedeutet, dass Kito nur eingeschränkt frei herumpilgern kann. Meine rechte Wade hat sich über Nacht erstaunlich gut erholt. Meine Probleme sind um rund 75 Prozent zurückgegangen und lassen im Laufe dieser Etappe weiter nach.

Hinter **Chantemerle** finden wir einen Friedhof mit zwei Steinbänken neben dem Eingang. Innen gibt es neben dem Eingang einen Wasserhahn. Und beim Weitergehen sehen wir direkt hinter dem Friedhof einen hübschen Picknickplatz.

Drei Kilometer vor der Kathedrale von **Nevers** rasten wir ein zweites Mal und ziehen dann entspannt hinunter in die Stadt. Dank Christines Navi und meiner Streckenbeschreibung finden wir den Weg problemlos. Nevers ist 32.800 Einwohnern die bislang größte Stadt auf der Via Lemovicensis. Sie war Hauptort der historischen Provinz Nivernais und ist heutzutage Verwaltungssitz (Präfektur) im Département Nièvre in der Region Bourgogne-Franche-Comté. Da unser Pilgerführer sich auch hier zur Geschichte und anderen Details „ausschweigt", muss erneut Wikipedia als Wissensquelle dienen:

*Zu gallo-römischen Zeiten hieß die Stadt **Noviodunum**, später wurde sie nach dem Namen des Flusses Nièvre in **Nebirnum** umbenannt. Mit zahlreichen archäologischen Funden lässt sich die Wichtigkeit der Siedlung schon zu damaligen Zeiten belegen. Lange war man der Ansicht, dass Gaius Julius Caesar hier 52 v. Chr. ein Nachschublager errichten ließ, bevor er sich nach Gergovia aufmachte. Das Lager, das mittlerweile eher im heutigen Diou vermutet wird, beherbergte alles, was Caesar nicht für die Schlacht brauchte: Getreide, Militärsold, Ersatzpferde und Geiseln.*

*Im ausgehenden fünften Jahrhundert, wurde Nevers Bischoffssitz, z. B. des legendären Deodatus. Erst mit dem 10. Jahrhundert wird ein weltliches Lehen nachgewiesen. Die Stadtbürger Nevers' erhielten urkundlich verbriefte Rechte in den Jahren 1194 und 1231 zugesprochen. Noch im 14. Jahrhundert war hier der Sitz einer Universität, die von Orléans hierher, später aber wieder zurückverlegt wurde. Im 15. Jahrhundert gehörte das **Herzogtum Nevers** zur herzoglich-burgundischen Hausmacht und damit später zu den Erblanden Karls des Kühnen. Nach dem Burgundischen Erbfolgekrieg (1477–1493) fiel es 1493 schließlich an die französische Krone.*

Wir passieren die **Chapelle Saint-Sylvain** (13./14. Jahrhundert) und erreichen die schöne romanische ehemalige **Prioratskirche Saint-Étienne**. Der imposante Kirchenbau, ein Meisterwerk aus dem 11. Jahrhundert (Baubeginn 1068), war eine Gründung der Benediktinermönche aus Cluny und wurde weitgehend durch Pilgerspenden finanziert. Lange diente diese Kirche auch als Kathedrale. Ich lasse hier nochmals Wikipedia zu Wort kommen:

Die Geschichte der Kirche Saint-Etienne (Heiliger Stephanus) begann am Anfang des 7. Jahrhunderts mit dem Zusammenschluss einer Gemeinschaft von Nonnen, die sich den Regeln des irischen Wandermönchs und Missionars, des Heiligen Columban von Luxeuil (543–615) unterworfen hatten. Das Kloster mit seiner Kirche Saint-Columban befand sich an der Stelle der heutigen Kirche, die im frühen Mittelalter in einem Vorort der Stadt Nevers lag. Nach zahlreichen Schäden und Zerstörungen in den folgenden Jahrhunderten verschwand das Kloster und wurde nicht mehr erwähnt.

Der Platz hatte jegliche Kultfunktion verloren, als sich eine Gemeinschaft von Kanonikern dort nach einigen Jahren niederließ, die dem Heiligen Silvester I. gewidmet war. Im Jahr 1063 beschloss Bischof Hugues de Champallement das Kloster zur Abtei zu erheben. Die Gemeinschaft der Chorherren wurde, was damals häufig vorkam, bald durch Benediktinermönche ersetzt. Im Jahr 1068 wurde das Kloster durch die Schenkung von Bischof Mauguin eine Cluny unterstellte Abtei, und man begann mit dem Bau der großen romanischen Kirche. Die Gebäude des Klosters wurden bald wieder aufgebaut. Die Bauarbeiten wurden unterstützt durch die Initiative des Grafen Guillaume I. (Wilhelm I.) von Nevers.

Kirche Saint-Étienne in Nevers. Bis 1792 war dem Portal ein Narthex vorgelagert und waren die Türme höher.

Kirche Saint-Étienne in Nevers

Kito bewacht Christines Pilgerwagen während unserer Kirchenbesichtigung „von oben".

Nevers lag an einer der vier Hauptpilgerrouten des „Jakobswegs" nach Santiago de Compostela, die Via Lemovicensis, mit dem Ausgangsort der nahen Abtei Vézelay. Im 11. und 12. Jahrhundert wuchs die Wallfahrt zu besonderer Blüte heran. Der Neubau sollte die ständig anwachsenden Pilgerströme aufnehmen können. Dieser Umstand führte zu der für eine Vorortkirche riesigen Dimension und zur Beschleunigung der Bauarbeiten. Ihr Fassungsraum wurde durch den Einbau von Tribünen zusätzlich vergrößert, immerhin übernachteten viele der Pilger in den Kirchen. Der Grundriss des Umgangschors mit Radialkapellen ist bedingt durch ihre Funktion als Pilgerkirche. Auf den Altären der Kapellen konnten die Reliquien ausgestellt und verehrt werden. Die Spenden der Pilger trugen wesentlich zur Realisierung des großen Bauwerks bei.

Schon nach einer Bauzeit von 29 Jahren wurde die Kirche am 13. Dezember des Jahres 1097 von Bischof Martin von Chartres konsekriert und dem Patronat Saint-Etienne anvertraut. Es ist wahrscheinlich, dass sie zu diesem Zeitpunkt zur Bischofskirche erhoben wurde, obwohl zu ihrer Fertigstellung noch die Einwölbung des Schiffs fehlte. Vermutlich hatten die Baumeister ursprünglich vor, das Schiff mit einer ebenen Holzbalkendecke zu überdecken. Erst 1100 soll der Entschluss gefasst worden sein, das Mittelschiff mit einer Tonne auf Gurtbögen einzuwölben.

Im 12. Jahrhundert hat man an die Westfassade des Langhauses in ihrer ganzen Breite einen massiven offenen Narthex angebaut. Diese Erweiterung des Grundrisses erhöhte noch einmal die Aufnahmekapazität der Pilgerkirche.

Während der Streitigkeiten zwischen England und Frankreich um Aquitanien, die nach der Mitte des 12. Jahrhunderts begannen, ließen die Pilgerströme nach. Die Kriege des 13. und 14. Jahrhunderts ließen sie gänzlich versiegen. Wie vielen der großen Pilgerkirchen ging es auch Saint-Etienne, sie verlor ihre Bedeutung als Pilgerstation.

Die Vorstadtkirche Saint-Etienne stand unter der Aufsicht des Priors und behielt ihre Unabhängigkeit bis zum 16. Jahrhundert.

Im Hundertjährigen Krieg wurden die Gebäude des Klosters bei dem Brand von 1420 beträchtlich zerstört. Sie wurden im 18. Jahrhundert teilweise wiederaufgebaut.

In der Französischen Revolution wurde Saint-Etienne profaniert, sie diente als Scheune. Im Jahr 1792 hat man ihre drei Glockentürme bis auf die heutigen Turmstümpfe gekappt und den romanischen Narthex vollständig abgebrochen.

Zu Beginn des 19. Jahrhunderts wurde sie wieder konsekriert, sie wurde Pfarrkirche.

Im Jahr 1840 stellte man sie unter Denkmalschutz. Im 19. und 20. Jahrhundert erfolgten mehrere Restaurierungen: Die erste von 1846 bis 1851, weitere von 1892 bis 1902 (Restauration der Fassade) und 1905 (Gewölbe des Kirchenschiffs) und schließlich 1910 (nördlicher Querhausarm und Wiederherstellung zweier Kapellen). 1974 fanden in der Vierung archäologische Ausgrabungen statt. Dabei wurden die Grundmauern des Vorgängerbaus gefunden, der mit einem tiefen Chor mit Apsis und mindestens einer Kapelle im nördlichen Querhausarm ausgestattet sein musste. Man fand auch Sarkophage und ein Mosaik. Vermutlich sind das Überreste von Saint-Colomban.

Trotz der beträchtlichen äußeren Verstümmelungen während der Revolution und der vollständigen Entfernung des Narthex, und trotz der aufwändigen Restaurierungsarbeiten, hat sich eine reine romanische Architektur in solcher Vollständigkeit erhalten, dass man bei Saint-Etienne von einer der schönsten und besterhaltenen Kirchen der frühen Romanik in Frankreich spricht.

In der Altstadt mit ihren vielen schönen Straßen und Gässchen halten wir uns nicht lange auf. Wir überlegen zwar, irgendwo auf einen Kaffee und ein Stück Kuchen einzukehren, finden aber auf Anhieb nichts passendes und haben auch keine Lust zum langen Suchen.

Neben dem imposanten **Palais Ducal**, dem Herzogspalast, einem der bedeutendsten Feudalbauten in Zentralfrankreich, finden wir die Tourist-Info. Dort bekomme ich unsere Pilgerstempel. Die nette Mitarbeiterin dort bitte ich, für uns wegen unserer Unterkunft morgen in Saint-Parize-le-Chatel zu telefonieren. In der Gite communal ist Kito nicht willkommen. Und in der Gite weiter südlich des Ortes geht niemand ans Telefon. Schließlich erreicht die Mitarbeiterin aber dann doch jemanden, der Kito für die Gite communal akzeptiert! Pilgerglück!

Cathédrale Saint-Cyr-et-Sainte-Julitte

Wir besichtigen noch die **Cathédrale Saint-Cyr-et-Sainte-Julitte**. Sie steht auf dem höchsten Punkt der teils noch von den mittelalterlichen Festungsmauern umgebenden Altstadt und gehört zu den weniger bekannten Kathedralen Frankreichs. Saint-Cyr et Sainte-Julitte, der Heilige Quiricus und seine Mutter Julitta, erlitten um 304 den Märtyrertod und wurden um den Beginn des 6. Jahrhunderts zu den Schutzpatronen des Bischofssitzes ernannt. Ungewöhnlich ist der Grundriss der Kathedrale: Sie besitzt nämlich zwei Chöre, einen im Westen und einen im

Osten. In der deutschen Kirchenbaukunst ist diese Variante in der Zeit des ottonisch-salischen Reichskirchensystems im 11. Jh. verbreitet gewesen (Worms, Mainz, Bamberg). in der französischen Architektur ist die Anlage gegenüberliegender Chöre aber selten. Warum man in Nevers zwei Chöre errichtet hat, ist immer noch ungeklärt.

Leider ist nur der gotische Ostchor zugänglich ist. Der Rest der Kathedrale wird gerade grundrenoviert. Interessant finde ich, dass dieses Gotteshaus im Sommer 1944 (während der deutschen Besatzung) durch einen Irrtum der britischen Luftwaffe RAF bombardiert und erheblich beschädigt worden ist!

Auf der Suche nach einem Lebensmittelladen entdecken wir in Bahnhofsnähe ein asiatisches Lokal, in dem wir zwei Portionen „Menue Rapide" für je 7,50 € (inklusive Cola) ordern. Das Essen schmeckt und sättigt die hungrigen Pilger prima.

Durch eine Parkanlage gelangen wir zur alten Stadtbefestigung und treffen dabei auch auf die **Porte du Croux**, einen quadratischen Turm mit Ecktürmchen aus dem ausgehenden 14. Jahrhundert, der einst der Haupteingang aus Richtung Paris in die Stadt war. Heute ist in ihm das Museum für Archäologie des Nivernais untergebracht. Wir gehen an den Befestigungsanlagen entlang hinunter zur Loire, die wir sodann auf der berühmten und viel fotografierten Brücke überqueren.

Porte du Croux

Blick über die Loire-Brücke zur Kathedrale und Altstadt von Nevers

Der Weg durch den Garten zum Eingang der Pilgerherberge ist gut ausgeschildert.

Am Ende der ersten Straße rechts hinter der Brücke erreichen wir unsere heutige Pilgerherberge. Es ist 17:40 Uhr. Sie ist von der Rückseite des Hauses (durch den Garten) zugänglich und unverschlossen. Im vorderen Raum gibt es einen Tisch mit vier Stühlen und eine kleine

Küchenzeile mit zweiflammigem Gasherd, Mikrowelle, Wasserkocher, Kaffeemaschine und Kühlschrank. Von hier gelangt man ins kleine Bad mit Dusche, Waschbecken, WC und Wandheizung zum Handtücher- bzw. Wäschetrocknen sowie in den Schlafraum mit vier Einzelbetten (und dazu je drei Steckdosen). Ein Gästebuch, Pilgerliteratur und Informationen zu weiteren Pilgerherbergen auf beiden Wegvarianten ab Nevers runden das Angebot ab. Wir haben die gesamte Unterkunft für uns. Unsere Gastgeber – Xavier und Martine Barnaud – sind nicht zu Hause. Wir wählen zwei Betten aus, auf denen wir unsere Schlafsäcke ausbreiten. Platz haben wir genug.

In der Küche gibt es im Kühlschrank ein Sortiment an Getränken (Bier, Saft in 2-Liter-Tetrapacks, Vittel Mineralwasser in 1,5-Liter-Flaschen), dazu Joghurts und Schokopudding und in einem Schrank Nudelpakete, diverse Konserven und reichlich Gläser mit Saucen und anderem. Alle Artikel sind mit sehr moderaten Preisen ausgezeichnet.

Ich gönne mir ein Bier (0,25 l), zwei Joghurts und einen Schokopudding, dazu nehmen wir für den folgenden Abend eine 250-g-Packung Hörnchennudeln und ein Glas Sauce Bolognese. Damit kommen wir auf 6,80 €, die wir am kommenden Morgen in einer Box hinterlegen.

Kaffeepulver, etwa 12-15 Sorten Teebeutel, Marmelade und Zucker sind frei, ebenso das leistungsstarke WLAN. Unsere Übernachtungsspende (erwartet werden mindestens 15 €/P., wir geben 40 €) kommt in einen kleinen Briefkasten an der Innenseite der Eingangstür.

Ich nutze das gute WLAN, um das Wetter für die nächsten Tage zu eruieren, Nachrichten der letzten Tage nachzulesen, vor allem aber um unsere bisherigen Pilgertage in meiner facebook-Pilgerseite einzustellen und weitere Tages- und Übernachtungsoptionen zu checken. Dabei vergeht der Abend im Nu. Da Kito heute Angst hat, mit Christine auf Abendrunde zu gehen, übernehme ich diesen Part zwischendurch.

Tageskilometer: 18,24 km

Gesamtdistanz ab Hamburg: 1691,65 km

Wetter: 15-23 °C, meist bedeckt

Mitpilger: eine weitere Pilgerin, damit nun insgesamt 11

Erkenntnis des Tages: Die Übernachtungsqualität schwankt erheblich. Auf das bislang schlechteste und teuerste Quartier folgt prompt eines der besten und günstigsten.

7. SEPTEMBER 2024
NEVERS NACH
SAINT-PARIZE-LE-CHATEL

Offenbar sind die warmen, trockenen und sonnigen Tage erst einmal passé und haben die nass-kalten Tage begonnen. Die Wetterprognosen versprechen für heute, morgen und übermorgen immer wieder und auch länger anhaltend Regen, und dies bei Temperaturen meist unter oder nur leicht über 20 °C.

Da wäre es gut, weiterhin überall, selbst mit Kito, in günstigen Gemeindeherbergen unterzukommen und nicht zelten zu müssen! Nachdem die Mitarbeiterin der Stadtinformation Nevers ja unser heutiges Quartier in der Gite communal des pèlerins in Saint-Parize-le-Chatel gesichert hatte, kann ich heute früh um 9 Uhr telefonisch auch die morgige Übernachtung in der Gite communal des pèlerins in Le Veurdre klarmachen.

Im Übrigen können wir uns heute nicht aufraffen, diese gemütliche Unterkunft zu verlassen. Das liegt teilweise daran, dass es nach der hübschen Morgensonne bei Kitos Morgenrunde jetzt wolkenverhangen ist und vor sich hin regnet. Um 10:30 Uhr brechen wir dann doch auf. Prompt beginnt es nach kurzer Pause wieder stärker zu regnen, so dass wir sofort alle drei unseren Regenschutz anlegen. Wir gehen das kurze Stück zurück zu unserem Pilgerweg und folgen diesem etwa einen Kilometer durch **Sermoise-sur-Loire** (1494 Einwohner) auf der viel befahrenen D907 mit ihren zahlreichen Baustellen. Dann endlich dürfen wir in die deutlich ruhigere D149 abbiegen. Aber auch die hat immer wieder zu viel Verkehr, als dass wir Kito frei pilgern lassen können.

Wir überqueren den 1822-1838 erbauten **Canal lateral a la Loire** und durchqueren **Challuy** (1517 Einwohner), was aber beides keine Highlights sind. Da gefällt uns der alte Bauernhof **Le Vieux Vernay** rechts unserer Straße schon etwas besser. Das **Château Le Vernay** dagegen bleibt links hinter Mauern verborgen.

Die D149 zieht sich durch Sonnenblumen- und später Hirsefelder hinauf nach **Aglan**, das wir jedoch nur streifen. Bergauf ist Christines Pilgerwagen „deutlich schwerer": Zwei Fliegen haben sich auf ihrem Rucksack niedergelassen und lassen sich den Berg hochziehen…

Sonnenblumen vor Aglan

Magny-Cours ist am Samstag-Nachmittag wie ausgestorben.

In Aglan, das wir gegen 13:40 Uhr erreichen, machen wir auf einer Grundstücksmauer unsere erste Tagesrast. Heute haben wir ja wieder eigenen Kaffee in unseren Thermobechern mit dabei. So ein Mittagskaffee ist immer ein besonderer Genuss. Dazu gibt es Baguette mit

Cabanossi und Apfelstücke. (Den Apfel hatte ich eine halbe Stunde vorher unter einem Apfelbaum aufgesammelt.)

Die Regensachen haben wir längst abgelegt. Auch die nachfolgenden Fotos sehen endlich wieder gut, klar, und bunt statt diffus grau-in-grau aus. Die D149 senkt sich hinab in die Ebene, was uns wunderschöne Aussichten eröffnet. Wir verlassen die D149 bei **Berge**, überqueren einen Hügel und nähern uns zunehmend Magny-Cours. Kurz vor **Les Piliaux**, rund drei Kilometer vor Magny-Cours, ist der nächste Regen da. Er begleitet uns fast bis zur Zielankunft.

Wir erreichen **Magny-Cours** (1401 Einwohner) kurz nach 15 Uhr. Da der Regen gerade zunimmt, suchen wir Schutz in der offenen **Kirche Saint Vincent**. Hier bleiben wir rund eine Stunde, wobei Christine zwischendurch zum nahegelegenen Intermarché einkaufen geht und ich danach unsere Pilgerpässe in der 200 Meter entfernten Apotheke stempeln lasse.

Aber irgendwann müssen wir doch weiter. Also brechen wir wenige Minuten nach 16 Uhr wieder auf. Wir überqueren die verkehrsreiche N7 und folgen der D200 und anschließend der C39, die beide auf **Circuit de Magny-Cours** ausgeschildert sind. Die Autorennstrecke des französischen Formel 1 Grand Prix von 1991 bis 2008 liegt ganz in der Nähe und war bereits seit einigen Kilometern nicht zu überhören. Erst als unser Weg und der zur Rennstrecke sich trennen, nimmt der Straßenverkehr ab, und als wir auch den Recyclinghof hinter uns lassen und die letzten 2,9 Kilometer auf Feldwegen und zuletzt Anlieger- und Dorfstraßen nach Saint-Parize-le-Châtel gehen, kann Kito wieder frei herumlaufen.

Die Aussicht von der Anhöhe hinter dem Recyclinghof ins Loire-Tal entfällt aufgrund des diesigen Nieselregenwetters. Und die auf den vollbesetzten Parkbereich und die Tribünen der Rennstrecke ist auch nur grau und wenig begeisternd. Außerdem nerven die andauernden Geräusche überdrehter Motoren auf die Dauer.

Saint-Parize-le-Châtel (immerhin 1225 Einwohner) begrüßt uns gleich am Ortseingang sehr freundlich. Wir gehen zur Kirche und erreichen direkt neben ihr um 17:40 Uhr die *Gite communal des pèlerins*. Wir rufen wie verabredet die Vizebürgermeisterin Marie-France de Riberolles an, die auch „bald" kommen will. Als sie nach 20 Minuten immer noch nicht da ist, schaue ich mal in die Herberge, vor der wir die ganze Zeit sitzen, hinein, und siehe da: Die Tür ist gar nicht abgeschlossen. Die Herberge ist offen! Also ziehen wir, zumal es gerade wieder zu regnen beginnt, rasch ein. Wir hängen unsere nassen Sachen auf und machen es uns ein wenig kommodig.

Am Ortseingang werden wir Pilger nett begrüßt.

Die Herberge ist ein hergerichtetes sehr altes, kleines Gebäude. Sie besteht aus einem Vorraum mit Kommode, Tisch, vier Stühlen, einer zum Doppelbett ausklappbaren Couch und einem Fernseher auf einem weiteren Schränkchen. Hiervon gehen eine kleine Küche (mit 2-Platten-Herd, Spüle, Wasserkocher, Kaffeemaschine und Mikrowelle) und ein Bad mit Waschbecken, Dusche, WC und Toplader-Waschmaschine!) ab. Allerdings ist aktuell leider kein heißes Wasser verfügbar. Damit entfällt also heute das Duschen. Im hinteren Raum gibt es drei Einzelbetten sowie zwei weitere Matratzen. Hier können also bis zu fünf Pilger nächtigen.

Madame de Riberolles erscheint etwa eine Stunde nach unserem Telefonat. Sie registriert zufrieden unseren Einzug, nimmt unsere Personalien in ihrer Liste auf, stempelt liebevoll unsere Pilgerpässe und kassiert die 28 € (14 €/P.) Übernachtungsgebühr. Dann erklärt sie noch ein paar Details zur Küche und bittet uns, den Schlüssel morgen auf der Kommode liegenzulassen, wo wir ihn zuvor auch gefunden haben.

Wir werfen die kleine elektrische Heizung im vorderen Raum an, die ihn rasch etwas angenehmer werden lässt. Auch trocknen unsere feuchten Sachen so besser. Und damit ist auch entschieden, dass wir uns die Bettcouch zum großen Bett ausklappen, auf dem wir es uns mit unseren Schlafsäcken gemütlich machen werden.

Christine kocht die Hörnchennudeln mit Sauce Bolognese. Als zweiten Gang gibt es Nudeln mit aufgebratenen Cabanossi-Scheiben. Es schmeckt köstlich.

Danach planen wir die nächsten Tage in Umrissen weiter. Übermorgen wollen wir in Sophies Herberge in Valigny übernachten. Ich rufe sie an, kann ihr aber nur eine Nachricht auf ihrem Anrufbeantworter hinterlassen. Etwa 30 Minuten später bekommen wir ihre Antwort als SMS: Sie ist noch als Pilgerin unterwegs und wird morgen in unserer heutigen Herberge eintreffen. Aber sie sagt zu Hause Bescheid, so dass wir dann doch „bei ihr" übernachten können, auch wenn sie selbst erst einen Tag später dort sein wird. Möglicherweise wird sie morgen hier in Saint-Parize auch „Christian-sans-chien" und François treffen.

Ihr offenbar von Google übersetzter deutscher Text im Wortlaut:
Guten Abend Christine, Christian und Kito.
Ich habe Ihre Nachricht gehört. Ich bin morgen in Saint Parize le Chatel und werde am Dienstag in der Hütte in Valigny ankommen. Ich rufe für Sie im Tierheim an, um Ihre Ankunft am Montag anzukündigen.
Gute Nacht
Sophie

Laut Google werden wir also im Tierheim nächtigen müssen.

Mit meinen Aufzeichnungen und Fotos bin ich gegen 23:20 Uhr fertig.

Tageskilometer: 20,76 km

Gesamtdistanz ab Hamburg: 1712,41 km

Wetter: 18-23 °C, wechselhaft mit längeren Regenphasen

Mitpilger: heute niemand, damit weiterhin 11

Erkenntnis des Tages: Die warmen Sommertage mit viel Sonne sind zunächst passé. Stattdessen gibt es nass-kühles Nieselregenwetter. Da weiß man ein warmes, trockenes Quartier doppelt zu schätzen.

8. SEPTEMBER 2024
SAINT-PARIZE-LE-CHATEL
NACH LE VEURDRE

Wir haben Pilgerglück: Statt Regen begrüßt uns heute Morgen herrlicher Sonnenschein! Und auch den ganzen Tag über bleibt es bei ähnlichen Temperaturen wie gestern (also 18-23 °C) sonnig, wobei ab und zu ein leichter Wind weht und es sich am Nachmittag so nach und nach bewölkt. Aber es bleibt wenigstens trocken.

Unsere Gite communal des pèlerins ist (bis auf das leider fehlende Heißwasser) super schön und – zumindest bei unserer Alleinnutzung – sehr gemütlich. Wir haben alle drei (Kito ja eh immer) gut geschlafen und sind gegen halb acht auf den Beinen. Christine und Kito bringen von der Morgenrunde frisches Weißbrot und zwei „Pain des rosines" (Rosinenschnecken) mit. Zum Frühstück gibt es diesmal auch wieder mal Filterkaffee, dazu Weißbrot mit Marmelade und Wurst, und für unterwegs bereite ich mit ein Stück Brot mit Camembert vor. Letzterer stinkt übrigens (bereits ab Laden) heftig vor sich hin, da ich ihn bislang nicht geruchsdicht eingepackt bekomme.

Nach dem Frühstück packen wir ohne Hast, machen sauber, und als ich gegen zehn Uhr – zu diesem Zeitpunkt treffen immer mehr Gottesdienstbesucher ein – schnell noch die sehenswerte **romanische Krypta** der **Kirche Saint-Patrice** aus dem 12. Jahrhundert besichtigen will, trifft Madame de Riberolles ein. Sie ist offensichtlich sehr angetan davon, dass wir die Herberge mindestens so sauber hinterlassen, wie wir sie angetroffen haben. Sie schließt sie ab und geht schräg über die Straße zur Kirche.

Die Krypta ist wirklich eindrucksvoll. Wir schaffen es beide, sie nacheinander zu besichtigen, denn der Gottesdienst beginnt erst deutlich nach halb elf, als wir uns bereits wieder auf den Weg gemacht haben.

Da weder der Outdoor-Führer noch die niederländische Beschreibung klar sagen, in welche Richtung es weitergeht, erkunde ich dies erst einmal ohne Gepäck. Es ist eigentlich ganz einfach: Wir gehen von der Herberge an der Kirche vorbei die Rue de l'Eglise bis zum Ende und biegen dann halbrechts in die Rue de l'Ouche, die in Richtung Magny-

Cours ausgeschildert ist. Dann geht es nach links und aus dem Ort hinaus.

unsere Gite communal des pèlerins in Saint-Parize-le-Châtel

romanische Krypta in der Kirche Saint-Patrice in Saint-Parize-le-Châtel

Wir gehen nun auf einer kleinen Asphaltstraße durch den **Bois de Bord** und diverse Wiesen. Nach rund drei Kilometern passieren wir die

Gite rural du Rond du Bord, die auch bis zu fünf Pilger beherbergt und dabei auch Hunde akzeptiert. Aber dazu hätten wir gestern noch rund 45 Minuten länger marschieren müssen, 55 statt 28 € bezahlt und morgens kein frisches Brot kaufen können. Nein, es war schon gut so, wie es war. Aber es war auch gut, einen weiteren Trumpf im Ärmel gehabt zu haben. Der Hofhund hier jedenfalls verhält sich Kito gegenüber sehr freundlich.

Bei gutem Wetter macht Pilgern wesentlich mehr Freude.

Nachdem der Gottesdienst zu Ende ist, nimmt der Autoverkehr auf unserer Straße mäßig zu, wobei sich alle Autofahrer rücksichtsvoll verhalten. Aber auf die Dauer wird es lästig und unterbricht immer wieder unseren Rhythmus, wenn wir Kito, der gerne etwas vorweg läuft, heranrufen und sichern müssen.

Da sind wir ganz froh, als die Jakobswegmarkierung plötzlich – etwa 800 Meter früher als in meiner detailgenauen Textbeschreibung, im Miam Miam Dodo und im Outdoor-Führer angegeben – nach links in eine asphaltierte Sackgasse weist. Wir gehen zum **Château de Buy**, biegen aber kurz vor der Einfahrt nach rechts (Süden) ab und folgen einem Schotter- und später Grasweg. Als nächstes erreichen wir das **Manoir de la Biauce**, ein Anwesen aus dem 15. Jahrhundert mit einem Torturm, das auf Königin Brunehaut, Ehefrau Sigebert I., zurückgeht.

moderne Windenergieanlage

Manoir de la Biauce (15. Jahrhundert)

Diese Wegvariante, die wir gehen, ist offenbar ziemlich neu und geht durch viel Natur, wobei sie nach grober Kartenabschätzung nicht kürzer als die in Karten und Texten angegebene bisherige Route ist. Sie dürfte der Graswege wegen sogar etwas mehr Zeit kosten, ist aber definitiv sehr schön. Wir nutzen sie auch, um hier – nach zweieinhalb Stunden Pilgern – unsere erste Tagesrast einzulegen. Die **Moulin des Eventées**, eine restaurierte Mühle aus dem 19. Jahrhundert, die an der anderen Streckenführung liegt, sehen wir allerdings nur aus der Ferne.

Nachdem wir die Autobahn-ähnliche D907 unterquert haben, erreichen wir **Saint-Pierre-le-Moutier** (1882 Einwohner). Auf dem Weg ins Zentrum entdeckt Christine eine Mauereidechse, die ich auch noch sehe, bevor sie sich versteckt. In der Rue de Paris gehen wir durch einen interessanten Straßenflohmarkt, biegen dann nach rechts in die Rue Nationale ab und gehen auf die **Kirche Saint-Pierre** zu. Neben ihr steht die École Communale des Garçons. (Das waren noch Zeiten vor der Koedukation, als Jungen und Mädchen auf getrennte Schulen gingen! Auch mein humanistisch geprägtes Gymnasium in Siegen war damals noch eine reine Jungenschule. Die ersten gemischten Klassen wurden erst in meinem vorletzten oder letzten Schuljahr eingeschult.)

In Saint-Pierre-de-Moutier ist Straßenflohmarkt.

Die Kirche ist – wie die meisten Kirchen hier auf diesem Weg – offen. Also treten wir ein und sehen sie uns zu dritt an. Das Hauptschiff, der Chor und das rechte Seitenschiff sind rein romanisch, während das linke Seitenschiff bereits gotischen Einfluss erkennen lässt. Erwähnenswert ist eine Pieta im rechten Seitenchor sowie eine Statue Jeanne d'Arcs. Die Kirche ist schön, hat aber eindeutig ein wenig Renovierungsbedarf.

Wir verlassen Saint-Pierre-le-Moutier über einige kleine Wohnstraßen und sind rasch wieder draußen in der Natur, wo die Strecke zunächst meist auf Feld- oder Graswegen verläuft. Als wir die D268 erreichen, zeigt die Markierung nach links in eine kleine Straße, während der detaillierte niederländische Text und Miam Miam Dodo den Weg auf der D268 beschreiben. Diesmal folgen wir den Textbeschreibungen bzw. der Karte im Miam Miam Dodo und biegen erst an der La Grille de la Barre nach rechts in Richtung Livry ab.

In **Livry** (663 Einwohner) gibt es ein Lokal mit dem vielversprechenden Namen *L'Escapade*. Es ist allerdings geschlossen. Das zweite Lokal gegenüber der Kirche verabschiedet gerade seine Gäste und schließt dann auch. Die **Kirche Notre-Dame-de-la-Nativité** ist ebenfalls zu. Wir beobachten das abnehmende Treiben hier von einer Steinbank, auf der wir gerade unsere zweite Tagesrast verbringen.

Die Epicerie de Livry ist Tag und Nacht geöffnet.

Lediglich die *Epicerie de Livry* ist noch geöffnet; sie ist eine *Epicerie automatique* und ist Tag und Nacht jeden Tag geöffnet. Hier kann man – allerdings zu ganz schön happigen Preisen – an einem Kühlautomaten viele landwirtschaftliche Erzeugnisse wie Wurstwaren, Marmeladen, Obst und Gemüse kaufen.

Hinter Livry könnten wir eigentlich an der durchs Dorf führenden D978a bleiben, aber erstens ist uns die zu verkehrsreich und gibt es zweitens für uns keinen Grund, die vorgegebene Strecke hier abzukürzen. Also biegen wir kurz vor dem Ortsende nach links in die aufsteigende Rue de Taloux ein. Von der Anhöhe aus hat man eine herrliche Aussicht. Diese beschäftigt uns offenbar so sehr, dass wir den nächsten Abzweig nach rechts in einen kleinen Weg übersehen und uns nach einiger Zeit in **Taloux** wiederfinden. Das war so eigentlich nicht geplant.

Nachdem wir wissen, wo wir jetzt sind, ist es nicht schwer, den Weg zur korrekten Strecke zu finden. Taloux ist ein hübscher Ort. Auch von der Dorfstraße aus gibt es eine prächtige Aussicht. Ob die wirklich wie ausgewiesen bis zum 310 Kilometer entfernten Montblanc reicht, wagen wir allerdings zu bezweifeln. Nett sind auch die Hausnummern, deren höchste von uns entdeckte die Nummer 2700 ist. Und in einem Garten sehen wir eine Henne, die ein halbes Dutzend Küken führt.

Taloux hat schöne Häuser und hohe Hausnummern.

Die Dorfstraße bringt uns nach und nach wieder hinunter ins Tal, wo wir auf einer Brücke den Fluss **Allier** überqueren und damit die **Grenze** zwischen den Departements Nièvre und Allier und damit zwischen Burgund und der Auvergne.

Blick von der Grenzbrücke auf die Allier

Unser Tagesziel Le Veurdre ist nur noch 900 Meter entfernt. Dank guter innerörtlicher Ausschilderung finden wir die *Gite communal des pèlerins* in der 6 Rue des Orfèvres auf Anhieb. Um 17:08 Uhr sind wir da. Wir machen aber zunächst noch einen kleinen Rundgang durchs Ortszentrum und kehren zehn Minuten später zur Herberge zurück. Die zuständige Betreuerin, die wir anrufen, spricht nur Französisch, aber ihr Mann spricht Deutsch. Er erklärt mir den Zugangscode zur Schlüsselbox, so dass wir schon mal in die Herberge einziehen können.

Die Herberge ist erst vor wenigen Jahren mit Förder- und Spenden-mitteln eingerichtet worden. Man betritt sie durch eine kleine Küche. Vom nachfolgenden Flur zweigen links das Bad (mit Dusche) und sepa-rat das WC sowie ein Zimmer mit zwei Einzelbetten ab. Das wird so oder so unser Zimmer. Der etwa 40 qm große Hauptraum am Ende des Flurs wird von einem ovalen Tisch mit sieben grünen Plastikstühlen do-miniert. Ansonsten gibt es eine alte Anrichte mit Besteck und Geschirr sowie einen kleineren Tisch mit Informationsmaterial für die Pilger. Über eine breite Holztreppe gelangt man ins geräumige Obergeschoss, in dem es fünf weitere Einzelbetten gibt. Zu jedem Bett gibt es übrigen einen leichten Einmalbezug für Matratze und Kopfkissen.

Unsere Gastgeberin kommt nach etwa 20 Minuten, um die Formalitäten mit uns erledigen, die Pilgerpässe zu stempeln und die Übernachtungsgebühr (2 x 14,30 € = 28,60 €) zu kassieren. Das ist hier sogar per EC-Karte machbar. Wir haben Glück und die gesamte Herberge heute nur für uns. Für morgen sind dagegen sechs Pilger angemeldet. Da hätten wir wohl keine Chance gehabt, mit Kito hier aufgenommen zu werden. Schließlich sind Hunde hier eigentlich nicht zugelassen. (Dasselbe galt wohl auch für die gestrige Unterkunft.) Aber wenn niemand sonst da ist, den sie stören können, geht offenbar doch manches.

Nachdem unsere Gastgeberin gegangen ist, duscht Christine und wäscht einen Teil ihrer Kleidung sowie mein T-Shirt, während ich in der Küche Wasser aufsetze und unser warmes Abendessen kreiere. Danach sind wir so gut satt, dass wir auf unsere weiteren Lebensmittelreserven nicht zugreifen müssen. Das ist auch gut so, weil sowohl die Bäckerei als auch das Lebensmittelgeschäft hier im Ort am morgigen Montag geschlossen bleiben.

Kito macht ab 18 Uhr das, was er im Tagesziel am liebsten macht und auch am besten kann: Er schläft, und zwar zunächst auf seiner Decke, dann auf meinem Schlafsack, meinem Kopfkissen und dann auf dem Sessel hinter dem Stuhl, auf dem ich während meiner abendlichen Aufzeichnungen sitze. So hat ein jeder seine Prioritäten.

Da wir morgen zur Abwechslung ein wenig früher aufbrechen wollen, gehen wir heute auch früher zu Bett. Zuvor dusche ich noch genussvoll. Um 22:40 Uhr ist Nachtruhe.

Tageskilometer: 20,90 km

Gesamtdistanz ab Hamburg: 1733,31 km

Wetter: wieder 18-23 °C, meist sonnig, am Nachmittag zunehmend bewölkt

Mitpilger: heute niemand, damit weiterhin 11

Erkenntnis des Tages: Als Pilger kann man nicht alles planen, sondern benötigt ein gutes Quantum Gottvertrauen und Glück. Sei es beim Wetter oder den Unterkünften, der Streckenführung oder auch der Gesundheit.

9. SEPTEMBER 2024
LE VEURDRE NACH VALIGNY

Das Wetter macht, was es will: Als wir – wie gestern Abend mit der Gastgeberin abgesprochen – um 9:30 Uhr starten, ist es bedeckt, nieselt diskret und sind es 19 °C. Wärmer wird es heute auch nicht. Dafür gibt es immer wieder eine leichte, erfrischende Brise, aber wenigstens kaum Regen. Der Niesel am Start hört bereits nach wenigen Minuten auf, und der kurze, leichte Schauer am Mittag ist auch nicht der Rede wert. Und die dunkle Wolkenfront kurz vor unserem Tagesziel fliegt über uns her, ohne sich über uns auszuregnen.

Heute tauschen Christine und ich die Rollen, begleite ich Kito bei seiner Morgenrunde. Le Veurdre ist um kurz nach sieben noch wie ausgestorben. Nur das Café hat gerade geöffnet, ist aber noch leer. Wieder im Quartier, frühstücken wir entspannt, packen und machen sauber. Das ist inzwischen unsere übliche Morgenroutine. Wie verabredet, schließen wir die Herberge mit dem Schlüssel aus der Schlüsselbox ab und ziehen los.

Am Ende unserer kleinen Straße biegen wir nach links ab und kurz vor dem Ortsende halbrechts. Dort begegnet uns unsere Gastgeberin, die mit ihrem Auto vermutlich auf dem Weg zur Herberge ist. Schließlich wird ja heute hier mit sechs Pilgern bei sieben Plätzen beinahe „volles Haus" sein.

Gleich nach dem Ortsschild pilgern wir auf kleinen Wegen. Hier kann Kito frei herumlaufen. Nach knapp zwei Kilometern passieren wir **Le Coudray**, ein befestigtes Haus aus dem 16. Jahrhundert. Jetzt pilgern wir auf Feld- und Graswegen. Die letzteren bestimmen heute mehr als die halbe Wegdistanz. Sie sind toll, kosten aber Zeit und Kraft.

Wir erreichen **Mesangy** (mit dem Nachbarort Pouzy zusammen 388 Einwohner), das wir gar nicht als Ort erkennen. Hier biegt der Weg spitzwinklig um 135° nach rechts ab und führt ins Tal, wo uns die Markierung in einen schmalen Single Trail weist. Das hat seinen Sinn, denn nur so erreichen wir die versteckte kleine Brücke über das Flüsschen **Bieudre**, während der Hauptweg durch eine Furt führt. Wenig später passieren wir **Moulin d'Affouard**, eine alte Wassermühle, die stilecht ausgebaut wurde.

Le Coudray (16. Jahrhundert)

Bei den vielen frischen Pfützen geht Kitos Wasserversorgung per Selbstbedienung.

Nachdem wir bei **Grand Beaumont** eine Kapelle passiert haben, er-reichen wir eine kleine Straße, an der wir links in Richtung **Petit Beau-mont** abbiegen. Neben uns ist ein Höllenlärm: Mindestens zwanzig Hunde bellen von einem großen Grundstück hinter uns her.

Hinter Petit Beaumont biegen wir nach rechts in eine schmalere Straße ab, in der wir nach rund neun Kilometern ab Le Veurdre unseren ersten Tagesrastplatz finden. Ab **La Vieille Forge**, rund 500 Meter später, sind wir dann wieder längere Zeit auf Feld- oder Graswegen unterwegs. Erstere zeichnen sich durch höheren Anteil unbewachsener und lehmiger Flächen aus. Beide sind anstrengend.

Heute war der „Tag der Graswege".

Hinter **Chambrun** nähern wir uns der D1, gehen dann aber doch weiter auf Graswegen parallel zu ihr nach **Lurcy-Lévis**. Hier kommen wir gegen 14 Uhr an, was bedeutet, dass die Mairie geöffnet ist. So bekommen wir hier unsere Pilgerstempel. In einem Café gegenüber der Kirche St. Martin, die wir anschließend natürlich auch besichtigen, trinken wir zwei Tassen „Grand Café". Uns erscheinen sie eher „Petit". Von hier aus teile ich Sophie per SMS mit, wo wir sind und dass wir noch drei Stunden bis zu ihrer Herberge brauchen werden. Vor dem Café treffen wir dann auch einen italienischen Mitpilger, der ebenfalls in Vézelay gestartet ist und hier übernachten will. Er ist also etwa eine halbe Tagesetappe hinter uns.

Die Kirche hat einen schönen romanischen Kleeblatt-Chor aus dem 12. Jahrhundert. Das Kirchenschiff ist zur Abwechslung nicht mit einem Steingewölbe, sondern einem hohen Holzdach versehen.

Kirche in Lurcy-Lévis.

Hinter Lurcy-Lévis gehen wir dann 3,5 Kilometer an der D64 entlang. Kito macht das inzwischen sehr gut und geht meist auf dem Grünstreifen neben statt auf der Straße.

Nach der D64 sind wir erneut auf Graswegen und ab **La Creuzerie** wieder auf kleinen, quasi verkehrsfreien Asphaltstraßen unterwegs. Die dunkle Wolkenfront zieht, wie erwähnt, ohne Regen rasch über uns her.

Schließlich erreichen wir den Wegweiser zur *Herberge Le Refuge*, das unserer Pilgerfreundin Sophie Perrot gehört. 630 Meter später hält ein Kastenwagen neben uns, und ein Mann spricht uns an. Es ist *Patrick*, Sophies Partner. Er zeigt uns den Weg zur 130 Meter entfernten Herberge.

Hier wohnen wir einmal ganz anders als bisher, nämlich in einem „Safari-Zelt" mit zwei Schlafzimmern und einem überdachten, offenen Vorraum. In dem gibt es einen Tisch mit vier Stühlen und eine weitere Sitzecke mit Bank, zwei Stühlen und einem Couchtisch, außerdem einem großen Wasserkanister und einem Kühlschrank, Wasserkocher sowie Kaffeemaschine. Die Toilette ist eine Trockentoilette in einem winzigen separaten Zelt nebenan.

unser Schlafzimmer im Safari-Zelt

„Vorraum" des Zeltes

Kito ist ganz zufrieden mit diesem ungewöhnlichen Quartier.

nach dem Abendessen mit Patrick und Louise

Es ist 17:20 Uhr, als wir hier eintreffen und uns im linken Schlafraum mit einem großen Doppelbett einrichten. Um 19 Uhr sind wir bei Patrick zum Abendessen angesagt. Dort treffen wir auch *Louise*, die uns bereitwillig Englisch als Sprache anbietet. Sie ist nämlich Engländerin aus

Manchester, hat einige Zeit in Indien gelebt und ist inzwischen hier in der Nachbarschaft sesshaft geworden.

Das Abendessen besteht aus einem sehr schmackhaften Salat mit Produkten aus dem eigenen Garten, einem Auflauf mit Fleisch, Kartoffeln und Pilzen, dazu einem leckeren Bohnengemüse, Käse als drittem Gang und einem Apfel-Pfirsich-Kompott zum Abschluss. Mit dem superben Essen und angeregter Unterhaltung vergeht die Zeit im Nu, und plötzlich ist es halb neun.

Inzwischen ist noch ein weiterer Mitpilger, vermutlich ein Niederländer, eingetroffen, der heute 40 Kilometer gegangen ist, aber nur zum Duschen reinschaut und nicht zu Abend essen möchte. Er liegt auch bereits im Tiefschlaf, als wir zum Zelt zurückkehren.

Während Christine sogleich ins Bett und unter die Decken kriecht, schreibe ich noch eine gute halbe Stunde meine Tageseindrücke nieder. Um 21:20 Uhr – ungewöhnlich früh für uns – mache auch ich Feierabend.

Tageskilometer: 23,43 km

Gesamtdistanz ab Hamburg: 1756,74 km

Wetter: ziemlich konstant 19 °C, fast durchgehend bewölkt mit immer wieder leichter Brise

Mitpilger: heute zwei, ein Italiener in Lurcy-Lévis und ein Niederländer (?) in unserem Quartier, damit nun 13

Erkenntnis des Tages: Graswege sind toll. Zu viele Kilometer auf ihnen kosten aber jede Menge Kraft und Zeit. Heute übernachten wir erstmals in einem „Safari-Zelt". Eine solche Herberge hatten wir noch nie.

10. SEPTEMBER 2024
VALIGNY NACH GATEAU
(HINTER SAINT-PIERRE-LES-ÉTIEUX)

Die Nacht im Safari-Zelt ist klasse. Wir schlafen prima und tief, jedenfalls Kito und ich. Christine wird mehrfach wach. Immerhin toleriert Kito den dritten Pilger unbekannter Herkunft gut und problemlos, obgleich der nur eine dünne Zeltwand von uns entfernt schläft und sich laut Christine immer wieder hin- und herdreht.

Auch als unser Mitpilger um sieben Uhr zum Frühstück geht und um halb acht losgeht, bleibt Kito erfreulicherweise ruhig. Wir stehen kurz nach halb acht auf. Um halb neun sind wir bei Patrick und Louise zum Frühstück verabredet. Es gibt jede Menge leckeren Kaffee und dazu Baguette mit Brombeermarmelade. Unsere Pilgerpässe bekommen diesmal keinen Stempel, sondern jeweils einen hübschen Aufkleber. Die Donativo-Dose steht im Vorzelt. Dort legen wir 60 € hinein. Die abenteuerliche Nacht im Zelt, das tolle Abendessen und das Frühstück sind es uns wert.

Diese Einkaufsoption gibt es in Valigny nur am Dienstag-Morgen.

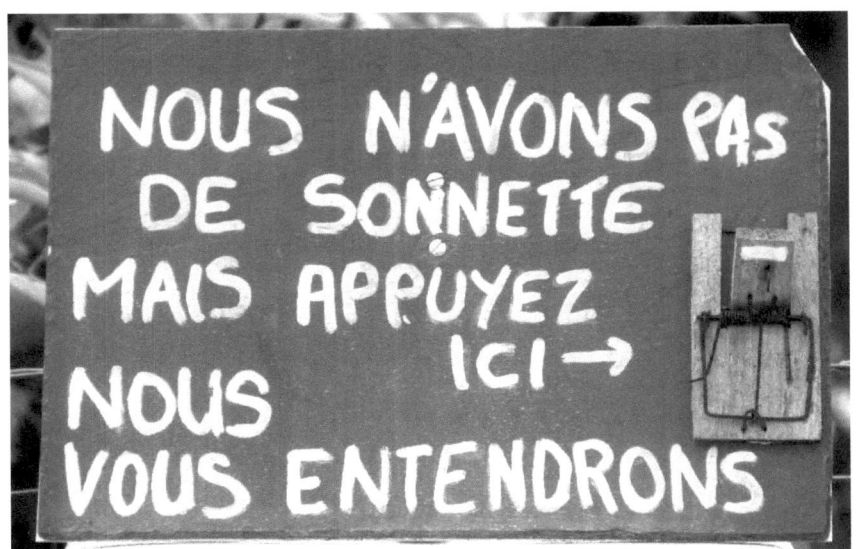

französischer Humor

Um 9:40 Uhr gehen wir los, und zwar am Grundstück unserer Herberge entlang auf einen großen Wald zu und dann auf der D14 direkt nach **Valigny**. Hier treffen wir wieder auf den markierten Pilgerweg.

Zuvor aber besichtigen wir noch die hübsche **Kirche Notre-Dame** aus dem 14. Jahrhundert, die uns sehr gefällt. Die Kirchenbeschreibung ist auch auf Deutsch. Brot gibt es in Valigny leider nicht zu kaufen, aber immerhin ist der Kaufmannswagen an diesem Dienstagmorgen hier im Ort. Nur passt sein Sortiment leider nicht zu unserer Einkaufsliste. Nach einem Pilgerstempel in der Mairie ziehen wir weiter.

Das Wetter meint es heute wieder gut mit uns: Sonnenschein pur, ein leichter Wind und anfangs etwa 18 °C, nachmittags dann eher 24-26 °C.

Kurz vor **Bardais** stößt unser Weg wieder auf die D64, der wir nun die nächsten Kilometer folgen müssen. Als wir einen Picknickplatz in Bardais zu unserer ersten Pause nutzen, gesellt sich der italienische Pilger, den wir gestern in Lurcy-Lévis trafen, zu uns. Wir klönen ein wenig und ziehen kurz nach ihm weiter. Bis zur Anhöhe auf der D64 kurz vor Ainay-le-Château bleibt er in konstanten Abstand vor uns in Sichtweite.

Erst als wir für Kito eine Trinkpause einlegen, verlieren wir den Sichtkontakt. Am Wasserreservoir von **Vézien** biegen wir auf kleine, asphaltierte Nebenstraßen ab, über die wir dann Ainay-le-Château erreichen.

Inzwischen ist es so warm geworden, dass wir Kito immer wieder zum Schatten-Suchen vorausschicken. Der Kleine läuft übrigens seit einigen Tagen gerne statt auf der Straße auf dem grünen Randstreifen, wobei er auch häufiger zwischen beiden Optionen variiert.

Ainay-le-Château, Porte de l'Horloge

Ainay-le-Château, Pfarrkirche Saint-Étienne

In **Ainay-le-Château** treffen wir dann Roberto wieder, unseren italienischen Mitpilger, der gerade seine kommunale Pilgerherberge ansteuert. Im Ort selbst ist jetzt am Mittag wenig los. Die meisten Läden haben zu, und der Intermarché liegt am falschen Teil des Ortsrandes.

Außerdem beginnt meine Canon D100 heute zum zweiten Mal zu streiken. Das erste Mal war dies in Bardais. Nun streikt sie erneut, als ich das Uhrentor (**Porte de l'Horloge**) der alten Stadtbefestigung auch von seiner Außenseite fotografieren will. Wenig später in der hübschen **Pfarrkirche Saint-Étienne** geht sie dann kurzfristig wieder, ehe sie beim Verlassen der Stadt erneut den Geist aufgibt. So entgehen mir in den kommenden drei Stunden jede Menge lohnender Fotomotive.

In diesem Streckenabschnitt vertrete ich mir auf einem unebenen Feldweg leicht das rechte Bein, und sofort schießt wieder der Schmerz in die rechte Wade ein. Es scheint also doch primär ein muskuläres Problem zu sein und kein thrombotisches Ereignis. Aber der Schmerz behindert mich doch und schränkt meine Geschwindigkeit ein, vor allem auf den letzten Kilometern.

Erst kurz vor **Charenton-du-Cher** (1014 Einwohner) habe ich die Idee, dass das Kameraproblem vielleicht gar nicht am Akku lag, sondern die Kamera einfach in der Sonne zu heiß geworden war. Ich trage sie daher auf den kommenden Kilometern auf meiner Schattenseite, und siehe da: In der **Kirche Saint-Martin** von Charenton-du-Cher aus dem 11. Jahrhundert geht sie wieder.

Von hier aus – es ist inzwischen kurz vor 18 Uhr und wir hatten uns in unserem heutigen Quartier für 17-18 Uhr angesagt – rufen wir bei Mme Deuquet im **Club Hippique du Gâteau** an, um ihr Bescheid zu sagen, dass wir uns verspäten werden, und zwar um 90-120 Minuten. Wir haben nämlich mit Schrecken festgestellt, dass unser Tagessegment heute keine 20 oder 24 Kilometer lang ist, sondern wohl über 30 Kilometer umfasst.

Auf Empfehlung unserer Gastgeberin gehen wir die restliche Distanz direkt an den grasbewachsenen alten Treidelwegen des **Canal de Berry**.

Dieser Kanal wurde in den Jahren 1809–1841 im Auftrag des französischen Generaldirektors für das Straßen- und Brückenwesen, Louis Becquey, durch Chef-Ingenieur Joseph-Michel Dutens angelegt. Nach seiner Inbetriebnahme diente der Canal de Berry als Transportverbindung vom Loire- zum Rhonetal. Er hat sehr viel zur Entwicklung von Montluçon beigetragen, wurde doch die Region auf diesem Wege mit Kalk, Zement, Holz, Kohle und Porzellan beliefert. Mit dem Aufkommen des größeren Schiffsstandards Freycinet ist der Kanal

dann aber bald an die Grenzen seiner wirtschaftlichen Leistungsfähigkeit ge-
stoßen. Infolge seiner geringen Schleusen-Abmessungen wurde der Gütertrans-
port 1954 eingestellt.

Canal de Berry

Aber auch hier am schnurgeraden Kanal ziehen sich die Kilometer. Unsere Gastgeberin meldet sich zwischenzeitlich zweimal besorgt bei uns, das zweite Mal, als wir um 19:30 Uhr gerade in der Zufahrt zu ihrem Anwesen sind.

Das Ehepaar Deuquet bewohnt eine alte Villa aus der Mitte des 19. Jahrhunderts, die von Napoleon III. erbaut worden sein soll. Das Haus ist riesig. Außer den beiden alten bewohnen noch drei Irish Setter das Haus, die uns lautstark begrüßen. Kito gibt gleich seinen Senf dazu.

Wir wohnen im Pilgertrakt hinter dem Haus. Den alten Deckenbalken und (jetzt zugemauerten) alten Kaminen nach ist dieser Trakt aber ähnlich oder genauso alt wie das Haus selbst. Hier ist Platz für mindestens zehn Pilger, wobei wir heute zu dritt sind. Zwei WCs und zwei altmodische, aber funktionsfähige Bäder stehen uns zur Verfügung. Spannend ist die Dusche, die über eine etwa 50-60 cm hohe „Stufe" zugänglich ist. Christine testet die Dusche später am Abend zuerst und ist sehr angetan von ihr. Sie ist auch wirklich so heiß, dass man die Wassertemperatur reduzieren kann bzw. muss.

Kurz vor 20 Uhr finden wir uns zu viert – Mme Deuquet, Geoffrey (ein französischer Pilger, der gut Englisch spricht und an diesem Abend unser Dolmetscher ist) und wir beide (nebst Kito) im Wohn-/Esszimmer der Gastgeberin zum Abendessen ein. Als erstes gibt es Roséwein. Die hiesigen Hunde interessieren sich für uns und wollen gekuschelt werden, was Kito gar nicht gefällt. Madame Deuquet schickt ihre drei etwas „robust" aus dem Raum.

Dann folgen ein leckerer Salat aus dem hauseigenen Garten, als zweiter Gang gefüllte Tomaten mit Reis, dann eine Käseplatte und als letzter Gang Apfelpfannkuchen. Da der Wein immer wieder nachgeschenkt wird und unser einziges Tischgetränk bleibt, steigt die Stimmung ganz erheblich. Wir erfahren, dass Madames Mann 1972 als Springreiter an den Olympischen Spielen in München teilnahm, aber leider keine Medaille gewann. Demnach ist das Gastgeber-Ehepaar eher Ende als Mitte Siebzig.

Um halb zehn ist das kurzweilige Essen beendet und ziehen wir uns in unseren Raum zurück. Wir duschen nacheinander, ehe ich meine Aufzeichnungen erledige, die bis knapp halb zwölf dauern. Da schläft Christine schon fast eine Stunde.

Tageskilometer: 32,32 km

Gesamtdistanz ab Hamburg: 1789,06 km

Wetter: durchgehend Sonnenschein bei bis zu 24-26 °C, ab und zu eine leichte Brise

Mitpilger: heute zwei, Roberto, den wir gestern bereits trafen, und Geoffrey in unserem Quartier, damit nun 14

Erkenntnis des Tages: Wir sollten doch genauer schauen, ob unsere Tagesstrecken wirklich nur knapp 25 Kilometer lang sind und nicht stattdessen mehr als 32 Kilometer. In diesem Fall liegt es unter anderem daran, dass unser Quartier in der Unterkunftsliste mit Kilometer 82,4 angegeben ist, in der Wegbeschreibung aber bei Kilometer 88,0 steht.

11. SEPTEMBER 2024
GATEAU NACH
SAINT-AMAND-MONTROND
(HALBER RUHETAG)

Heute ist wieder ein Regentag angesagt. Laut Christines Online-Recherche soll es den ganzen Tag über regnen.

Wir haben sehr gut geschlafen, auch wenn die Decke etwas schmal ist und ich die halbe Nacht mit Christine „kämpfen" muss, dass ich genug davon abbekomme. Um 20 vor acht wachen wir auf. Um acht Uhr sind wir bei Madame Deuquet zum Frühstück verabredet. Das schaffen wir so gerade eben. Jeoffrey sitzt schon in der großen, altmodischen, aber gemütlichen Küche, in der der große Küchentisch für uns drei Pilger gedeckt ist. Es gibt reichlich heißen und ausreichend starken Filterkaffee, dazu getoastetes Weißbrot, die gestrige Käseplatte und Blaubeermarmelade.

Madame Deuquets Haus mit dem rückwärtigen Anbau, in dem die Pilger übernachten.

Nach dem Frühstück stempelt Madame mit offenkundiger Freude unsere Pilgerpässe. Die Übernachtung kostet 20 €, das Abendessen 10 €

pro Person. Für 60 €, wie unsere Donativo-Summe bei Sophies Refuge, sind wir auch hier sehr gut versorgt worden.

Um 9:20 Uhr brechen wir auf. Es nieselt konstant vor sich hin, was uns in unserer Regenausrüstung nichts anhaben kann, andererseits aber auch keine Perspektive für den ganzen Tag ist.

Canal de Berry zwischen Gâteau und Saint-Amand-Montrond bei Schietwetter

Wo wir heute Abend unterkommen können und wollen, haben wir noch nicht besprochen. Wir folgen erst einmal dem Canal de Berry bis **Saint-Amand-Montrond** (9459 Einwohner), genauer: bis zur dortigen **Kirche Saint-Amand**. Dort haben wir einen trockenen Raum, in dem ich meinen halben Rucksack auspacken kann, um die Weg- und Unterkunftsdateien in meinem Laptop einsehen zu können.

Die Kirche ist ungewöhnlich groß, wobei das angrenzende Gebäude nach einem (zumindest ehemaligen) Kloster aussieht. Einigen Mönchdarstellungen nach könnte es ein Franziskaner-Kloster gewesen sein. Fünf Kilometer nordwestlich des Stadtzentrums hat es wohl auch ein Zisterzienser-Kloster gegeben.

Die nächstmöglichen Unterkünfte sind der Campingplatz hier im Ort, in 18,6 km ein drei Kilometer abseits des Wegs gelegenes Quartier in Reigny oder zwei Quartiere im 25-27 Kilometer entfernten Le Châtelet-en Berry, von denen nicht bekannt ist, ob sie Hunde akzeptieren. Unsere Diskussion ist unproduktiv und läuft aneinander vorbei. Wir sind gereizt und schlecht gelaunt, was auch am Wetter liegt. Mich nervt, dass wir keinen Plan für heute Abend haben und auch keinen hinbekommen. Christine nervt, dass es keine mäßig weit entfernten Quartiere gibt. Sie möchte auf dem hiesigen Camping du Berry übernachten, auf dem es nach ihren Infos günstige Chalets gibt.

Wir diskutieren rund eine halbe Stunde, die uns für die Option Le Châtelet-en Berry fehlen wird. Es ist inzwischen halb zwölf. Christine befürchtet sogar, dort nicht mehr im Hellen anzukommen.

Also gehen wir zum hiesigen Campingplatz *Camping de Berry*, den wir gerade noch rechtzeitig kurz vor zwölf Uhr erreichen. Die junge Mitarbeiterin an der Rezeption spricht zum Glück Englisch und vermietet uns gern eine „Cabin". Mit Pilgerpreis kostet diese 28 € für uns drei. Die „Cabin" ist eine etwa 2,5 x 2,5 Meter große, mit LKW-Planen bespannte Holzkonstruktion mit einem etwa 1,5 x 2,5 Meter großen, an der Frontseite offenen Vorraum. Innen wie auch im Vorraum gibt es je eine Steckdose, innen auch eine Lampe. Die beiden Einzelbetten haben Matratzen und Kopfkissen mit Gummiüberzug. Also werden wir heute in unseren Indoor-Schlafsäcken bei (jetzt tagsüber) 16-18 °C schlafen.

Der etwa 60 Meter entfernte Aufenthaltsraum scheint beheizt zu sein, aber nicht für Hunde zugelassen. Im selben Gebäude sind auch die

Duschen und Toiletten. Nach diesen wenigen Kilometern werden wir heute aber beide mal nicht duschen.

Wir richten uns zügig ein, und Christine kuschelt sich sogleich in ihren Schlafsack, während ich, auf meinem Bett sitzend, nochmals die nächsten Quartiere checke und meine Tagesaufzeichnungen vornehme. Kito liegt in seiner Kuscheldecke erst bei Christine, dann bei mir. Ich finde es – mit feuchten Schuhen und Strümpfen – einfach nur kalt und sehr unkommodig.

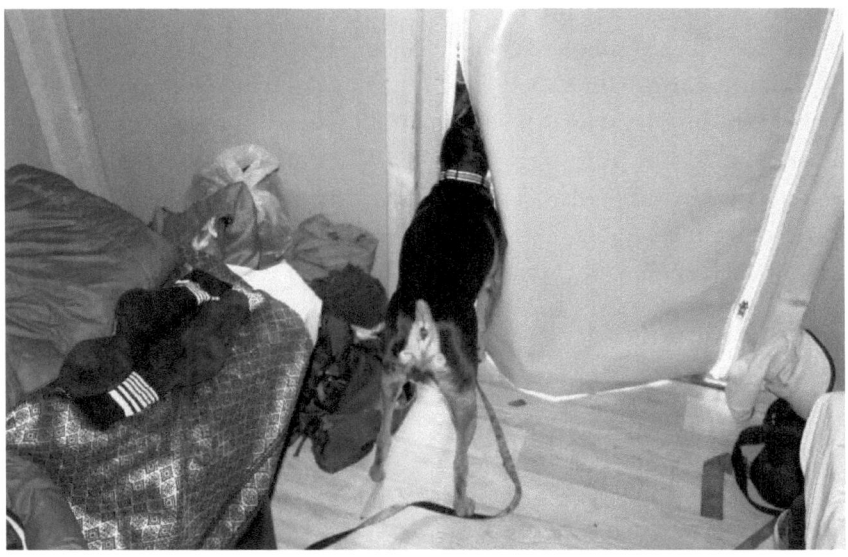

Kito hat sich in unserem Domizil auf dem Camping Canal de Berry in Saint-Amand-Montrond gut eingelebt.

Als ich Christine um 16 Uhr endlich wieder wach bekomme, hat sich die Temperatur in unserem lütten Domizil – verglichen mit der Außentemperatur – deutlich verbessert. Es dauert noch eine Weile, aber dann brechen wir auf, um die Innenstadt von Saint-Amand-Montrond zu erkunden. Es hat inzwischen aufgehört zu regnen.

Wir finden auf Anhieb die Tourist-Info, wo wir auf eine Mitarbeiterin aus Augsburg treffen. Sie stempelt unsere Pilgerpässe und bucht für uns telefonisch unsere morgige Unterkunft in Le Châtelet-en Berry. Anschließend gönnen wir uns in einem Lokal einen Kaffee und einen Orangensaft, kaufen dann im Intermarché Lebensmittel für die nächsten 1-2

Tage ein und essen im *New Kebab* jeweils ein leckeres und sättigendes Kebab-Menü mit Pommes und Getränk für zusammen 19 Euro.

Mit dem Rückweg zum Campingplatz müssen wir uns sputen, denn es beginnt wieder zu nieseln. Kito erledigt unter den großen, schützenden Bäumen direkt am Canal de Berry neben dem Campingplatz noch schnell seine Geschäfte und dann sind wir wieder in unserem kleinen Domizil. Wir gleichen unsere Pläne für die nächsten Tage ab, und ich reserviere per SMS unser übernächstes Quartier. Kito dagegen kuschelt sich auf Christines Bett ein und schläft wieder tief und fest. Er nutzt von uns dreien diesen halben Ruhetag wohl am besten.

Um kurz vor 22 Uhr haben wir im Licht der kleinen Lampe – die Innenbeleuchtung ist wirklich sehr spärlich – bzw. unserer Stirnlampen unser abendliches Büro fertig. Da das WLAN nicht funktioniert, hält mich das Web auch nicht zusätzlich auf. Und so ist wie meistens beim Camping früh Feierabend. Morgen haben wir rund 28 Kilometer auf unserem Plan stehen, wobei das Wetter wieder gut werden soll.

Tageskilometer: 7,63 km

Gesamtdistanz ab Hamburg: 1796,69 km

Wetter: durchgehend bewölkt und Nieselregen bei 16-18 °C

Mitpilger: niemand Neues, damit weiterhin 14

Erkenntnis des Tages: Schietwetter und fehlende Planung drücken die Stimmung gewaltig. Aber die nächsten Tage soll das Wetter wieder gut sein. Und mit wieder mehr Planung für die nächsten Tage steigt auch die Stimmung wieder erheblich.

12. SEPTEMBER 2024
SAINT-AMAND-MONTROND
NACH LE-CHATELET-EN-BERRY

Die Nacht in der primitiven, ungeheizten Camping-Hütte ist erstaunlich gut. Zwei Menschen und ein Hund bringen durchaus ein wenig angenehmere Wärme „in die Bude". Als ich nachts um halb vier einmal raus muss, will Kito, der am Abend viel gefressen und getrunken hat, unbedingt mit. Das ist sonst nie seine Zeit. Wir gehen außerhalb des Campingplatzes zum Canal de Berry, wo er rasch seine kompletten Geschäfte verrichtet, zum Glück in direkter Nähe zu den Mülltonnen des Campingplatzes. Die Sterne funkeln vom wolkenlosen Himmel, und es ist garantiert nicht wärmer als die angesagten 11 °C.

Als wir um 8:40 Uhr wach werden und gegen 9 Uhr aufstehen, sind es wenigstens schon mal 16 °C. Mehr als 18 °C werden es real kaum. Nur wenn die Sonne scheint, was heute zum Glück wieder mehrere Stunden der Fall ist, fühlt sich die Temperatur wie 24 °C an.

unser Frühstückplatz mitten in Saint-Amand-Montrond

Wir kommen heute nur langsam in die Gänge. Erst kurz vor elf haben wir alles gepackt und geladen und melden uns ab. Die Rezeptionistin

99

checkt erst unsere Hütte, bevor ich meine 150 € Pfand wieder ausgezahlt bekomme. Auf dem Weg in die Stadt kaufe ich in einer Boulangerie ein frisches Brot sowie Baguette und Schokobrötchen. Baguette und Schokobrötchen werden bereits wenige Minuten später auf dem Place de la République verfrühstückt.

Der Jakobsweg ist innerhalb der Stadt wenig bis gar nicht markiert. Ohne unsere Pilgerführer in Text- und Kartenform würden wir ihn nicht finden. Aber als wir die Stadtgrenze erreichen, sehen wir wieder die gewohnten Wegweiser. Kito kann rasch wieder frei pilgern, was er – nach dem gestrigen Pausentag – mit frischer Kraft und Freude auch sehr genießt und auskostet.

In **Bouzais** (296 Einwohner) stoßen wir auf die von den Fränkischen Jakobsfreunden mit ins Leben gerufene Pilgerherberge der *Amis et Pelerins de Saint-Jacques Vézelay*. Der Hospitalero steht gerade vor der offenen Herberge. Als er unsere Pilgerpässe stempelt, bietet er uns einen Kaffee an. Da sagen wir nicht nein. Wir besichtigen die Herberge, und Christine kauft noch zwei T-Shirts der *Amis et Pèlerins de Saint-Jacques*, bevor wir weiterziehen.

In Bouzais kann man zwischen Brücke und Furt wählen.

Die nächsten Kilometer gehen wir über wenig befahrene Nebenstraßen. Hinter **Bord** treffen wir *Anna*, eine auch über 60jährige

Fahrradpilgerin aus Maastricht, die 2023 bereits von den Niederlanden aus über die Via Turonensis nach Santiago de Compostela gepilgert ist und dieses Jahr die Via Lemovicensis abfährt.

Ende der „Ausbaustrecke"...

zerpflügter Waldweg hinter Charron

Kito lernt immer neue Verwendungsoptionen des Pilgerwagens schätzen, hier die Grundposition „nasser Sack".

Auch ohne Hetzen kommen wir eine Zeitlang gut voran. Als aber der Weg hinter **Charron** in einen Wald einbiegt, haben wir 1,1 Kilometer Waldweg vor uns, der von schwersten Fahrzeugen regelrecht zerstört wurden und von tiefen Pfützen und lehmig-klebrigem Matsch geprägt ist. Es kostet uns sehr viel Zeit und Kraft, hier durchzukommen.

In **Loye-sur-Arnon** (298 Einwohner) lädt uns nach rund 15-16 Kilometern ein Picknickplatz neben der Kirche zur Rast ein. Dieser Einladung kommen wir gerne nach und gönnen uns eine halbe Stunde Ruhe und Verpflegung. Die **Kirche Saint-Martin** aus dem 11.-13. Jahrhundert ist leider verschlossen.

Weiter geht es! Bei der Wassermühle **Moulin de Méséreau** überquert unser Weg die **Arnon**, wahlweise per Furt oder auf einer sehr schmalen Brücke ohne Geländer. Die Brücke ist nur wenige Zentimeter breiter als der Radstand des Pilgerwagens. Ich bringe erst alle meine Sachen rüber, lege alles ab und manövriere dann vorsichtig den Pilgerwagen ans andere Ufer. Christine folgt mir vorsichtig.

Auch der weitere Weg ist wunderschön, zieht sich aber sehr in die Länge, und die Tagesetappe ist mit mehr als 28,5 Kilometern heute doch sehr lang.

Gegen halb sechs rufen wir unseren heutigen Gastgeber, Daniel François, an, um ihm mitzuteilen, dass wir erst zwischen 19:00 und 19:30 Uhr bei ihm eintreffen werden. Das irritiert ihn sichtlich. Ob wir Probleme hätten? Nein, alles ist in Ordnung, wir sind nur spät. Das ist okay. Die Gite ist unverschlossen.

Wir erreichen die Pilgerherberge *Le Caliste* in **Le Châtelet-en Berry** um 19:08 Uhr. Es ist erneut 16 °C kühl, wie das Thermometer am Eingang zeigt. Wir haben das Schlafzimmer im Obergeschoss. Unter uns wohnt Uta, eine Pilgerin aus Berlin, die heute gerade aus Mannheim angereist ist und kurz nach uns eintrifft.

Monsieur François ist ein älterer Herr der alten Schule. Er stempelt unsere Pilgerpässe und schreibt jeweils „Gut Weg!" dazu. Als ich ihn bitte, unsere Unterkunft für Übermorgen im Château Sarzay anzufragen, stellt er sich der Schlossherrin erst einmal korrekt als Besitzer der Pilgerherberge Le Caliste in Le Châtelet-en Berry vor, bevor er unser Anliegen benennt. Aber er macht das toll, und wir haben die Unterkunft! Mit Uta unterhalten wir uns nett, während wir im großen Aufenthaltsraum zu Abend essen. Auch sie pilgert von zu Hause aus in einzelnen Stücken und setzt jetzt in dieser Herberge neu an, wo sie ihren letzten Abschnitt beendete.

Bei Kitos Abendrunde gegen 22 Uhr sitzt die große braune Katze unserer Gastgeber vor der Herbergstür und lässt den Hund nicht passieren. Der sonst so mutige Pinscher ist ganz panisch. Aber auf Herrchens Armen geht es dann doch. Um 23:20 Uhr ist dann heute Zapfenstreich.

Tageskilometer: 25,8 km

Gesamtdistanz ab Hamburg: 1822,49 km

Wetter: teils sonnig, teils bewölkt und windig bei 16-18 °C

Mitpilger: zwei (Anna aus Maastricht als Fahrradpilgerin & Uta aus Berlin, die hier ihr nächstes Wegsegment beginnt), damit nun 16

Erkenntnis des Tages: Die Landschaft wird flacher, zugleich aber auch schöner, und auf kleinen verkehrsarmen Straßen, Schotter- und Graswegen kommen wir gut voran und können den Weg alle drei genießen. Und mehr als 25 Kilometer lange Etappen müssen wir nicht unbedingt haben, auch wenn wir sie schaffen. Weniger kann auch mehr (Genuss) sein. Und ja: Es wird herbstlich kalt (aktuell: 10 °C).

13. SEPTEMBER 2024
LE-CHATELET-EN-BERRY NACH
LE MAURY (HINTER NÉRET)

Die Nacht in der ungeheizten Pilgerunterkunft in **Le Châtelet-en-Berry** ist bei 6 °C Außentemperatur nur dank der dicken Bettdecken kommodig, wobei es im Haus natürlich eh nicht so kalt ist wie draußen. Übrigens sind bislang fast alle unsere Pilgerunterkünfte ungeheizt, wobei wir in der Gite municipal in Saint-Parize-le-Châtel wenigstens den funktionsfähigen elektrischen Heizkörper hatten.

Heute sind wir zwar kurz nach sieben wach, stehen aber erst gegen halb acht auf. Nach meiner Frührunde mit Kito, der einige Kindergartenkinder fasziniert, frühstücken wir – gemeinsam mit Uta – in Ruhe und packen dann. Um 10:20 Uhr brechen wir auf. Wir gehen zunächst noch hoch zur **Kirche Saint-Martial**. Hier ist an der inneren Kirchentür eine Liste der hiesigen Pilgerunterkünfte angebracht, eine nette Aufmerksamkeit!

Kirche Saint-Martial in Le Châtelet-en Berry

Vorbei an unserer Unterkunft geht es dann weiter in Richtung Süden. Wir passieren das **Château de Vieille Foret**. Heute gehen wir fast

ausschließlich kleine, sehr verkehrsarme Landstraßen und nur verein-
zelt Graswege. Kito kann fast die gesamte Strecke über frei herumlaufen.

reife Sonnenblume am Weg

Kirche Saint-Georges in Saint-Jeanvrin

Gegen Mittag machen wir Rast in **Saint-Jeanvrin**, einem netten kleinen Ort mit 160 Einwohnern. Direkt neben der 1115 in einer päpstlichen Bulle erwähnten **Kirche Saint-Georges** gibt es einen Picknickplatz. Natürlich besichtigen wir auch die Kirche.

Gegen 14:30 Uhr erreichen wir **Châteaumeillant**. Die Stadt hat immerhin 1703 Einwohner, eine Tourist-Information und einen Intermarché.

*Um 1115 wurde die **Kirche Saint-Genès** errichtet, heute ein eindrucksvolles, überregional bekanntes romanisches Baudenkmal. Im Innenraum sind die Säulen in der Apsis und in den Seitenkapellen von besonderem Interesse. Die Verzierungen der Kapitelle beziehen sich auf religiöse Themen und Personen der Kirchengeschichte, oder sie zeigen pflanzliche Motive. Beeindruckend ist auch die Höhe des Kirchenschiffes. Eine Eichenholzdecke ersetzt allerdings das ursprüngliche Gewölbe und die Kuppel über der Vierung. Der Altar, der die Bundeslade symbolisiert, ist eine Neuschöpfung aus dem Jahr 1989. Die westliche Kirchenfassade ist typisch für den Berry. Jedoch fiel der ursprüngliche Giebel dem 1857 errichteten Turm zum Opfer. (aus Wikipedia)*

Kirche Saint-Genès in Châteaumeillant

In der Tourist-Info bekommen wir Pilgerstempel und einen Stadtplan, um damit den Supermarkt und von dort den besten Weg zurück zum Jakobsweg zu finden. Außerdem kaufen wir noch für 12 € eine hübsche getöpferte Seifenschale.

Der Abstecher zum Intermarché kostet etwa zwei Kilometer Umweg und entsprechend Zeit, ist aber nötig und lohnend. Außerdem gibt es in der nächsten Zeit keine adäquate Einkaufsmöglichkeit.

Auch im letzten Streckenabschnitt des Tages gehen wir wieder nur kleine Landsträßchen. Unser letzter Ort heute ist **Néret** (188 Einwohner), zu dem auch unsere etwa zwei Kilometer entfernte Unterkunft gehört. Natürlich besichtigen wir auch die **Kirche Saint-Martin**.

Der Abzweig vom Pilgerweg nach **Le Maury** zur Unterkunft *Notre Village* ist nicht markiert, aber wir finden ihn trotzdem auf Anhieb und kommen um 17:40 Uhr entspannt dort an. Uta ist etwa eine Stunde vor uns eingetroffen. Wir werden von Carla und Jan, einem niederländischen Paar aus der Provinz Utrecht, sehr nett willkommen geheißen. Die beiden haben den ehemaligen Bauernhof vor 2 ½ Jahren übernommen und hergerichtet, überlegen aber gerade, alles hier zu verkaufen und zu den Kindern nach Australien zu ziehen. Im Landkreis Cuxhaven haben sie übrigens auch schon mal gelebt.

Unser Pilgerunterkunft in Le Maury ist ein ehemaliger Kuhstall.

Unser Quartier ist ein ehemaliger Kuhstall, den sie fein hergerichtet haben. Natürlich gibt es auch hier keine Heizung. Zunächst aber nutzen wir die letzte Nachmittagssonne, erkunden unsere Umgebung und duschen herrlich heiß.

Um 19 Uhr treffen wir uns bei Carla und Jan in der großen Küche zum Abendessen. Mit dabei ist außer unseren Gastgebern, Uta und uns ein weiteres niederländisches Paar, das gerade heute in der Nähe ein altes Haus gekauft hat. Zum Essen gibt es einen Eiersalat, eine sehr leckere Champignonsuppe mit Roquefort-Käse, Nudeln mit Hack und Gemüse, Joghurt und einen abschließenden Kaffee. Dabei klönen wir deutsch, englisch und niederländisch durcheinander und haben viel Spaß. Im Nu ist es halb zehn, Zeit das eigene Abendprogramm einzuleiten.

Morgen wollen wir nach Sarzay gehen, wo auch Uta, allerdings nicht im Schloss, übernachten will. Für übermorgen hat sie in Hailé ein für sie eigentlich zu großes Quartier in einer ehemaligen Schule gebucht. Um dort nicht alleine zu sein, bietet sie uns an, dort ebenfalls zu nächtigen, was wir gerne annehmen. So haben wir erneut die nächsten zwei Quartiere sicher.

Während Uta und Christine noch geraume Zeit beim Wein Frauengespräche führen und Kito zugedeckt auf dem Bett schläft, überspiele ich noch die Fotos in den Laptop, schreibe meinen Tagesbericht und bin kurz im Web, wobei die Verbindung, die eh nur schwach war, irgendwann ganz weg ist. Um halb elf ist dann Nachtruhe. Es sind aktuell nur noch 10 °C.

Tageskilometer: 22,2 km

Gesamtdistanz ab Hamburg: 1844,69 km

Wetter: teils sonnig, teils bewölkt und windig bei 16-18 °C

Mitpilger: wieder Uta aus Berlin, damit weiter 16

Erkenntnis des Tages: Heute ist ein schöner Tag mit überschaubarer Streckenlänge, schönen, verkehrsarmen Landstraßen und netten Orten mit hübschen Kirchen. Das Abendessen ist gut und reichlich. Und in einem einstigen Kuhstall haben wir bislang auch noch nicht genächtigt.

14. SEPTEMBER 2024
LE MAURY (HINTER NÉRET) NACH CHATEAU DE SARZAY

Auch im unbeheizten einstigen Stall kann man bestens schlafen, sofern die vorhandenen Bettdecken warm genug sind. Heute früh ist die Außentemperatur bis auf 6 °C gefallen. Wir stehen gegen acht Uhr auf uns sind wenig später bei Carla in der Küche, wo auch Uta noch sitzt (obgleich sie bereits eine Stunde vor uns frühstücken wollte). Carla hat unsere vier Pilgerpässe (einschließlich Utas) liebevoll ausgemalt und jedem einen lieben Spruch hineingeschrieben.

Das Frühstück ist super: Für jeden gibt es ein Glas selbst zubereitetes Müsli, dazu Brot, kleine Pfannküchlein, Wurst, Käse, Marmelade, ein gekochtes Ei (von den Hof-eigenen Hühnern) und Kaffee satt. Ich bekomme auf Nachfrage sogar holländische Schokostreusel! Carla sitzt neben uns am Tisch und erzählt viel über die Familiengeschichte.

Nach einem gemeinsamen Foto mit Carla und Jan brechen wir um zehn Uhr auf. Unser Weg ist, wie gestern lange Zeit auch, ein Grasweg; danach folgen im Wechsel kleine Landstraßen, Feldwege und Graswege. In **Lacs** (657 Einwohner) legen wir unsere erste Tagespause ein.

Mittags erreichen wir **La Châtre**, mit 4034 Einwohner Hauptstadt und Verwaltungssitz des Departements Indre. Gleich zu Beginn liegt ein LIDL-Markt neben dem Weg, weshalb Christine dort kurz unsere Lebensmittelbestände ergänzt.

In der Altstadt treffen wir unvermutet Uta, die dort gerade Pause gemacht hat. Diesem Beispiel folgen wir, nachdem wir uns zuvor die eindrucksvolle Kirche angesehen haben. Es ist immer wieder fantastisch, wie unterschiedlich diese fast immer offenen Stadt- und Dorfkirchen innen aussehen. Wir genießen sie einfach.

Das Rathaus hat am heutigen Samstagnachmittag geschlossen, aber die Apotheke nebenan ist geöffnet, so dass ich mir eine Packung Azithromyzin kaufen kann. Nach den kalten Bedingungen der letzten Tage habe ich mir nämlich einen oberen Atemwegsinfekt zugezogen, den ich lieber sehr frühzeitig als zu spät angehen möchte.

Kirche in Lacs

Kirche in Lacs

Auf dem Place de Marché steuern wir eine Brasserie an und gönnen uns jeder einen Grand Café und einen Crêpe, bevor wir in Richtung Sarzay aufbrechen.

hinter La Châtre

Irgendwo hinter der Stadt machen wir dann einen verhängnisvollen Fehler und biegen falsch ab, vermutlich eine Straße zu früh nach links. Ich wundere mich, warum die Strecke nun nicht mehr mit meiner Streckenbeschreibung zusammenpasst, aber laut Christine sind wir absolut auf ihrem Track. Dazu passt auch, dass wir ab und zu die rot-weiße Markierung des GR654 sehen. Irgendwann stellen wir fest, dass wir ein Stück der D927 folgen, die definitiv weit südlich unserer korrekten Strecke ist! Wir gehen – ein wenig nach Gefühl und Wellenschlag – auf einem erst asphaltierten dann grasbewachsenen Landwirtschaftsweg nach Norden und erreichen schließlich **Montagny**, von wo es nicht mehr weit nach **Sarzay** (298 Einwohner) ist. Um 18:10 Uhr erreichen wir dann das **Château de Sarzay** und damit unser Tagesziel. Madame Hurbain kommt uns bereits im Hof entgegen. Sie zeigt uns unser Zimmer im Erdgeschoss des Seitenflügels ihres Herrenhauses. Die Eingangshalle, in der wir später unser eigenes Abendessen richten und morgen auch frühstücken werden, ist gediegen und alt. Dies gilt auch für unser Zimmer, das ein eigenes Bad mit top-moderner Dusche und WC hat. WLAN hat es auch hier, allerdings nur mit 1-2 Balken, Heizung ebenfalls.

Château de Sarzay in der Abendsonne

Wir essen gemütlich zu Abend. Ich schreibe meine Tageseindrücke nieder, dusche und mache kurz nach 22 Uhr Feierabend.

Tageskilometer: 25,6 km

Gesamtdistanz ab Hamburg: 1870,29 km

Wetter: frühmorgens 6 °C, bei unserem Aufbruch etwa 10 °C, dazu diesig und wolkig bei maximal 16-18 °C; als es nach 16 Uhr aufklart, in der Sonne kurzzeitig über 20 °C

Mitpilger: wieder Uta aus Berlin, damit weiter 16

Erkenntnis des Tages: Auch an Tag 14 kann man sich ganz prima verlaufen und Bonus-Kilometer sammeln.

15. SEPTEMBER 2024
CHATEAU DE SARZAY NACH HAILÉ

Die Nacht im Seitenflügel des Herrenhauses des **Château de Sarzay** ist durchwachsen. Das liegt vor allem an Kito, der nach wie vor mit großen durchgehenden Bettdecken nicht klarkommt und dann oben auf der Decke so liegt, dass seine Menschen sich kaum bewegen können. Außerdem ist es, weil hier eine Heizung vorhanden (!) ist, ungewohnt warm. Aber seitens unserer Unterkunft ist definitiv alles bestens.

Um halb neun sind wir zum Frühstück verabredet. Unser Tisch ist gedeckt. Außer reichlich leckerem Filterkaffee gibt es Orangensaft, Milch, Graubrot(!), Croissants und Schoko-Croissants, zwei Sorten Marmelade, Joghurt und Karamelcreme. Alles ist lecker und reichlich vorhanden. Zwei französischen Paare am Nebentisch kommen eine halbe Stunde nach uns zum Frühstück.

Château de Sarzay am Morgen, man erkennt gut den Wassergraben der Burgbefestigung.

Irgendwie sind wir heute einmal mehr trödelig, denn es ist bereits kurz vor elf, als wir aufbrechen. Nach rund 150 Metern in Richtung Ort bzw. Friedhof sind wir auf dem markierten Pilgerweg. Der führt uns zunächst auf Graswegen bergab, wobei es den einen oder anderen schönen Ausblick zurück zum Château de Sarzay gibt.

Die **Vauvre**, neben der wir eine Zeit entlang gehen überqueren wir auf einer kleinen Brücke. Auch hier hätten wir eine Furt als Alternative gehabt. Die Vauvre ist 38,8 Kilometer lang und offenbar sehr sauber, denn neben Flusskrebsen kommen hier mindestens neun Fischarten vor. Kurz darauf erreichen wir unsere erste von wieder zahlreichen sehr verkehrsarmen kleinen Straßen.

Gegen Mittag kommen wir nach **Varennes**. Von der einstigen, 1148 vom Prinzen Ebbe II Déols hier mit gegründeten bzw. angesiedelten **Zisterzienserabtei**, die für die mittelalterlichen Jakobspilger eine wichtige Zwischenstation war, ist nicht mehr viel übriggeblieben. Ihre Blütezeit währte nur rund zwei Jahrhunderte. Dann folgten der 100jährige Krieg, die Religionskriege und die französische Revolution. Nach letzterer wurde der Gebäudebestand für die Landwirtschaft genutzt. Die ursprünglich dreischiffige Kirche, die ihre Seitenschiffe bereits im 14. Jahrhundert eingebüßt hatte, diente dabei lange als Kuhstall und Scheune. Erst die jetzigen Eigentümer sorgen seit 1980 für eine behutsame Wiederherstellung der Kirche und der anderen Gebäude.

Die Kirche ist offen, und so können wir sie besichtigen.

Klosterkirche der einstigen Zisterzienserabtei Varennes

Wenige Meter weiter findet Kito einen ersten für unsere Tagesrast geeigneten Picknickplatz. Da wir in Sarzay auch einen Wasserkocher zur Verfügung hatten, habe ich heißen Kaffee in meinem Thermobecher. (In Christines Becher ist noch kalter Rotwein vom Vorabend.)

Kitos erste Ziegen

Wegkreuz vor Neuvy-Saint-Sépulchre

Bei der nächsten Bachüberquerung nimmt Kito selbstverständlich die kleine Brücke, Christine diesmal aber die Furt. Wenig später prescht Kito vor, weil mitten auf <u>unserem</u> (!) Weg zwei Ziegen stehen. Ziegen kennt er noch nicht, also fegt er dorthin., um sie kennenzulernen Die beiden weichen ein paar Meter bis zur Hofeinfahrt aus, aber auch nicht weiter und kommen uns, nachdem wir an der Einfahrt vorbeigegangen sind, noch ein Stück nach.

Unser nächster Ort ist **Neuvy-Saint-Sépulchre** (1648 Einwohner). Obwohl es eigentlich fast chancenlos ist, am Sonntag gegen 14 Uhr noch irgendwo Brot zu kaufen, versucht Christine es, und bekommt tatsächlich eins. Und in einem Restaurant sitzt gerade… richtig: Uta.

Kito und ich besichtigen indessen schon mal die **Stiftskirche (Collégiale) Saint Jacques**. Sie besteht aus einer Rundkirche mit angesetztem Kirchenschiff und ist in ihrer Form für Frankreich einzigartig. Die Rotunde mit ihren elf Säulen entstand im 11. Jahrhundert, nachdem Eudes von Déols von seiner Pilgerfahrt ins Heilige Land zurückgekehrt war, nach dem Vorbild der Grabeskirche in Jerusalem. Das Kirchenschiff wurde erst im 13. Jahrhundert hinzugefügt. Weil auch diese Kirche ein wichtiger Anlaufpunkt für Jakobspilger wurde, wurde sie nachträglich nach Jakobus d. Ä. benannt. Sie gehört übrigens seit 1998 auch zum UNESCO-Weltkulturerbe.

Rotunde der Stiftskirche Saint Jacques in Neuvy-Saint-Sépulchre

Stiftskirche Saint Jacques in Neuvy-Saint-Sépulchre

Stiftskirche Saint Jacques in Neuvy-Saint-Sépulchre

Wir verlassen Neuvy-Saint-Sépulchre an einem See entlang, gehen ein Stück die D38 und danach diverse Feld- und Graswege parallel zur D38. Hier bin ich zeitweise irritiert, weil wir auf einem Grasweg gehen, der in meinem Streckentext nicht beschrieben ist. Erst später merke ich, dass er dort als Schotterweg bezeichnet wird. Christine ist die ganze Zeit über auf ihrem Track. Aber das waren wir gestern ja auch, als wir uns so sehr verlaufen haben.

In diesem Abschnitt gönnen wir uns eine entspannte, gut halbstündige Pause im Gras. Kito ist hungrig und durstig und trinkt und futtert dementsprechend reichlich.

Wir überqueren die **Bouzanne** und passieren die auf einem Felsvorsprung über dem Fluss gelegene **Burgruine des Château Cluis-Dessous**. Die Burg entstand im 12.-15. Jahrhundert, wobei der Bergfried aus dem 12. Jahrhundert wohl Nachfolgebau einer frühmittelalterlichen Hügelburg (Motte) ist.

Zugang zur Burgruine des Château Cluis-Dessous

Rund einen Kilometer später erreichen wir um kurz vor 18 Uhr das Zentrum von **Cluis** (978 Einwohner). Die **Kirche Saint-Paxent** (12. Jahrhundert) ist offen, und sie hat als erste Kirche auf dieser Pilgerreise tatsächlich einen eigenen Pilgerstempel ausliegen! Christine wird von einem Anwohner auf die hiesige Pilgerunterkunft und auf einen noch kurz geöffneten Lebensmittelladen aufmerksam gemacht. Natürlich nutzt sie diese Chance zum Einkaufen sofort.

Inzwischen hat Uta angerufen und uns die genaue Adresse unserer heutigen Unterkunft in Hailé mitgeteilt. Uta ist gerade dort angekommen. Von der Kirche in Cluis aus haben wir indessen noch rund 4,5 Kilometer vor uns.

Das Rathaus von Cluis ist ein altes Herrenhaus (Manoir) aus dem 15. Jahrhundert.

Hinter Cluis führt der Weg über das Viaduct de l'Auzon, eine 1897-1901 erbaute Eisenbahnbrücke.

Diese führen uns u. a. über das **Viaduct de l'Auzon**, eine 1897-1901 erbaute ehemalige Eisenbahnbrücke. Seitdem die Bahnlinie 1952 stillgelegt wurde, ist die 499 Meter lange und 42,7 Meter hohe Brücke nur für Fußgänger und Radfahrer nutzbar.

Gleich nach der Brücke zweigt unser Pilgerweg nach links in einen schmalen und steil abfallenden Pfad ab. Hier führe ich Christines Pilgerwagen hinunter. Schließlich habe ich mehr Masse und Kraft, um den Benpacker zu halten. Trotzdem laufe auch ich mehrfach Gefahr, dass der Pilgerwagen auf dem schmalen Hangweg umkippt oder seitlich den Hang hinabrutscht. Aber es geht alles gut.

Ab **Neuville** haben wir dann „nur noch" knapp drei Kilometer D38 vor uns. Die schaffen wir entspannt und finden in **Hailé** um kurz nach halb acht auch die kommunale *Gite d'Hailé*, die offenbar in einer ehemaligen Schule eingerichtet wurde. Im Erdgeschoss sind Küche, Aufenthaltsraum, Bad (mit Dusche) und WC, im Obergeschoss zwei Schlafräume. Uta hat das mit den zwei Einzelbetten, wir das mit dem Doppelbett und einem zusätzlichen Einzelbett. Und sie hat Heizung! Da stelle ich selbige in unserem Schlafraum doch gleich schon an.

Den Abend verbringen wir mit Uta klönend und planend zu dritt in der Küche. Kito liegt auf seiner Decke und Christines Jacke zwischen uns beiden und schläft tief und fest. Seine Abendrunde ist heute sehr kurz. Um 23:30 Uhr ist für mich heute Feierabend.

Als wir zu Bett gehen, stellen wir fest, dass es nur dünne Bettdecken gibt. Da packt Christine doch gleich schon mal ihren Schlafsack aus. Ich werde es erst einmal ohne den meinigen versuchen.

Tageskilometer: 24,72 km

Gesamtdistanz ab Hamburg: 1895,01 km

Wetter: frühmorgens 6 °C, bei unserem Aufbruch um 10 °C, im Tagesverlauf bei wolkenlosem Himmel und Sonne satt bis 24 °C

Mitpilger: wieder Uta aus Berlin, damit weiter 16

Erkenntnis des Tages: Heute war ein wirklich schöner, stressfreier Pilgertag, den wir alle sehr genossen haben. Und mit Uta freunden wir uns immer mehr an.

16. SEPTEMBER 2024
HAILÉ NACH ÉGUZON-CHANTOME

Die dünne Bettdecke ist doch zu dünn. Um ein Uhr hole ich mir meinen Schlafsack, stelle die Zimmerheizung (die eh gerade wegen Nachtabschaltung aus ist) hoch und schlafe dann prima durch. Um Viertel vor acht stehen wir auf. Christine ist happy. Sie hat ebenfalls gut geschlafen, und vor allem ist ihre Wäsche von gestern Abend trocken.

Wir frühstücken entspannt und rufen dabei auch schon einmal ein Quartier für morgen Abend an, erreichen hier aber nur einen Anrufbeantworter. Wenig später kommt dann aber die Absage per SMS.

Kurz vor zehn steht die Mitarbeiterin der Gemeinde in der Gite, um diese abzuschließen. So fällt unser Aufbruch zum Schluss dann doch etwas hektisch aus. Um 10:05 Uhr sind wir wieder unterwegs. Bis fast zum Ortsausgang gehen wir zu viert gemeinsam, dann setzt sich aber Uta ab und geht ihr eigenes schnelleres Tempo.

Der erste kleine Ort, den wir heute erreichen, ist **Pommiers** (219 Einwohner). Die **Kirche Saint-Radegonde** ist leider verschlossen, aber die Mairie ist geöffnet. Ich gehe hinein und frage nach Pilgerstempeln für unsere Pässe. Die werden uns begeistert gewährt, wobei sich mein Gegenüber, der auch ein paar Brocken Englisch spricht, als der Bürgermeister des Ortes vorstellt. Als ich ihm erzähle, dass wir zwei Menschen und ein Hund sind, bietet er uns als erstes Wasser für Kito an, was wir aber nicht benötigen. Sein zweites Angebot, nämlich Kaffee für Christine und mich, kann ich aber nicht ablehnen. So sitzen wir im Sitzungssaal der Gemeinde unter einem großen Foto Emanuel Macrons und einer Porträtübersicht aller Präsidenten der französischen Republiken seit 1852. An acht dieser Präsidenten habe ich eigene Erinnerungen.

Nach einiger Zeit entdecken wir an mehreren Stellen – zuerst am Ortseingang von **Foy** – kleine rote Aufkleber mit schwarzen Richtungspfeilen. Sie sind nicht mehr ganz neu, aber nach unserer Ansicht auch nicht so alt wie der von Ingo Schulze einst veranstaltete dritte TransEuropaLauf von Skagen nach Gibraltar. Ob etwa noch jemand diese Pfeile verwendet?

Etwa zwei Kilometer vor Gargilesse, einem der schönsten Orte Frankreichs, entdeckt Kito plötzlich jemanden, der etwa 40 Meter vor uns im

Gras lag und gerade aufsteht. Es ist Uta, die hier gerastet hat. Die Reststrecke bis Gargilesse gehen wir wieder zu viert, wobei Kito sich Uta gegenüber absolut fein verhält.

oben

Einmarsch nach Gargilesse

Gargilesse (272 Einwohner) ist ein wirklich wunderschöner kleiner Ort in dem die Schriftstellerin George Sand ein Sommerhaus besaß. Hier gibt es jede Menge schöner, alter Häuser und ebenfalls jede Menge Künstlerateliers. Wir stoppen am Platz vor dem **Château** aus dem 10. Jahrhundert, in dem auch die **Kirche Notre-Dame** steht. Am Schlossplatz liegt auch die kommunale Gite. Während wir hier stehen (es ist gerade um Viertel nach eins), kommt Marguerite an, eine französische Pilgerin. Sie hält sich jedoch mehr abseits von uns.

Als wir Gargilesse über das gleichnamige Flüsschen und einen nachfolgenden Anstieg hoch zum Ortsfriedhof verlassen, trennen wir uns wieder. Während Uta zügig zu unserem Tagesziel strebt, wollen Christine, Kito und ich am hiesigen, etwas versteckten Picknickplatz noch in Ruhe rasten und dabei unseren in den Thermobechern mitgebrachten heißen Kaffee genießen. Da es am Ende dieser Pause dann bereits kurz vor zwei Uhr ist, gehen Kito und ich nochmals zurück in den Ort, um bei der Mairie, die ab 14 Uhr wieder geöffnet sein soll, unserer Pilgerpässe zu stempeln. Die Mairie ist jedoch um 14:10 Uhr immer noch geschlossen, so dass ich diese Idee wieder aufgebe und wir zu Christine zurückkehren. Kito ist heute super aufgelegt und tobt auf dem Picknickplatz übermütig herum.

Beim Picknick am Ortsrand von Gargilesse haben wir auch Zeit für weitere Planungen.

Anstieg nach Cuzion

Anstieg nach Cuzion

Über schöne kleine Wege und Straßen, darunter einem fast walisisch anmutenden beidseits von Hecken gesäumten Grasweg, und diverse An- und Abstiege kommen wir nach **Cuzion** (463 Einwohner). Die Kirche ist leider zu. Aber wir legen nebenan eine 15-Minuten-Rast ein, in

124

der Christine die neuesten Unterkunftsabsprachen mit Uta checkt. Uta berichtet auch, dass in Cuzion alle Geschäfte an diesem Montag zu haben. Also können wir uns diese Suche ersparen.

flacher Beginn des Abstiegs hinter Cuzion

Hängebrücke Passerelle du Cassecou

Als wir den Ort auf einem breiten Grasweg verlassen, sehen wir einen sehr großen Frosch in einen großen steinernen Wassertrog flüchten, wo er sich in den Grünpflanzen versteckt. Unser Weg wird schmaler und steiler und geht in einen mit Felsbrocken und Wurzeln gespickten Single Trail über, der immer wieder auch schmaler als der Radabstand des Pilgerwagens ist. Insgesamt fällt dieser Trail mehr als 70 Höhenmeter ab. Da dieser Weg für Christine weder von der Trittsicherheit noch von Körperkraft und -Masse mit dem Pilgerwagen zu schaffen ist, übernehme ich hier wieder – wie neulich nach dem Viadukt – den Pilgerwagen und bringe ihn heil nach unten ans Ufer der **Creuse**. Dort angekommen, bin ich trotz eigentlich kühlen Temperaturen schweißnass.

Da meine Wegbeschreibungen im Outdoor-Führer wie im niederländischen Text beschreiben, dass man die Creuse überqueren muss, nehmen wir sofort die kaum einhundert Meter entfernte moderne Hängebrücke **Passerelle du Cassecou**, die leicht schwingt, und auf der Kito wegen des Metallgitteruntergrunds getragen werden muss. Das ist eine erneute maximale Kraftanstrengung: jeweils gut zehn Kilogramm Rucksack und Pinscher sind schon heftig. Am anderen Flussufer realisieren wir dann aber, dass nicht diese Brücke, sondern die nächste gemeint ist! Also gehen wir wieder zurück, wobei Kito nun auf Christines Pilgerwagen mitfährt. Die Passerelle du Cassecou ist übrigens erst 2023/2024 erbaut worden. Sie ist 152 Meter lang und 40 Tonnen schwer.

Nun sind wir wieder am richtigen Ufer und an der **Moulin de Châteaubru**. Hier gibt es Zimmer, Chalets und Zeltmöglichkeiten, aber nur auf vorherige Anmeldung. Aktuell ist der gesamte Komplex wie ausgestorben. Der weitere Weg von hier geht durch ein urwaldartiges Areal. Da gehen wir lieber 150Meter zurück und nehmen die parallel verlaufende Straße, auf die nach einiger Zeit auch der Waldpfad mündet und die uns punktgenau zu der großen, steinernen Straßenbrücke über die **Creuse** führt. Solch eine normale Brücke ist natürlich viel langweiliger als die stählerne Drahtseilbrücke von vorhin!

Ab dieser Brücke folgt nun ein langer Straßenaufstieg mit fast 100 Höhenmeter durch die Serpentinen der D45 bis nach **Éguzon-Chantôme**, unserem Zielort. Natürlich hat die D45 keinen Seitenstreifen und auch keinen Fuß-/Radweg. Aber zum Glück ist der Verkehr recht dünn, und sind die Autofahrer aufmerksam und rücksichtsvoll.

Inzwischen zeichnet sich ein neues potentielles Problem ab: Da wir heute ja nirgendwo eine Einkaufsmöglichkeit hatten, unser Quartier nur ein bei booking.com gemietetes Appartement ist, wäre es sehr hilfreich, heute Abend noch einzukaufen. Ansonsten müssten wir ein offenes und bezahlbares Restaurant finden.

Wir sind perfekt im Zeitplan auf die verabredete Ankunft im Quartier „ab 18:30 Uhr", aber ob um diese Zeit noch eine Einkaufsmöglichkeit hier geöffnet hat, ist schwer vorauszusehen. Als dann noch ein direkter Verbindungsweg, der eine Kreuzung umgeht, nicht passierbar ist, sinkt Christines Laune völlig. Aber genau an dieser Kreuzung, die wir nun „mitnehmen" müssen, gibt es eine bis 19 Uhr geöffnete Boulangerie, die wir um 18:25 Uhr erreichen. Ich kaufe sofort zwei Brote und zwei Apfeltaschen, und der Abend ist gerettet, die Stimmung auch.

Sonia, unsere Gastgeberin, ist bei unserem Eintreffen kurz nach halb sieben auch vor Ort. Ihr Hund und Kito verstehen sich auf Anhieb gut, und beide toben begeistert über das große Grundstück, das wir nach wenigen Minuten ganz für uns haben.

Als wir gerade begonnen haben, es uns gemütlich zu machen, bekomme ich akute, schwere Unterbauchschmerzen. Das Maximum ist im Bereich der Blase, die jedoch nicht prallvoll, sondern leer ist. Klar, ich habe heute wieder einmal zu wenig getrunken. Die Schmerzen werden immer unerträglicher, so dass ich mich früh aufs Bett lege, wo ich aber keine angenehme Position finde. Das Abendessen breche ich nach zwei Bechern Tee und der Apfeltasche ab. Vor lauter Schmerzen ist mir jeglicher Hunger vergangen. Ob ich so überhaupt weiterpilgern kann, vermag ich nicht abzusehen. Ich dusche, nehme eine Startdosis Meloxicam und gehe zu Bett. Bis etwa 23 Uhr quäle ich mich herum, bis ich endlich einschlafe.

Tageskilometer: 23,86 km

Gesamtdistanz ab Hamburg: 1918,87 km

Wetter: 15 bis 24 °C, sonnig

Mitpilger: wieder Uta aus Berlin, dazu Marguerite aus Frankreich, somit 17

Erkenntnis des Tages: Ein ansonsten sehr schöner uns erlebnisreicher Tag kann auch einen unerwarteten Ausklang bringen, der das Weiterpilgern urplötzlich in Frage stellt.

17. SEPTEMBER 2024
ÉGUZON-CHANTOME NACH
SAINT-GERMAIN-BEAUPRÉ

Glücklicherweise finde ich am späten Abend eine Position, in der die Schmerzen weniger doll sind und ich einschlafen kann. Und als ich dann gegen sechs Uhr wach werde, bin ich zwar schweißgebadet, aber völlig schmerzfrei!

Rückblickend vermute ich zwei denkbare Ursachen, die beide mit zu geringer Trinkmenge einher gehen könnten: eine akute mechanische Reizung der leeren Harnblase durch übereinander liegende Gürtelschnallen (Hosengürtel, Trinkflaschengürtel, Hüftgurt des Rucksacks) und, weil die Schmerzen sich immer mehr in die linke Flanke verlagert hatten, eine Nieren- bzw. Harnleiterkolik.

Zum Glück wird es heute doch wieder ein guter, wenngleich ein aufgrund des Streckenprofils und der Streckenbeschaffenheit anspruchsvoller und anstrengender Pilgertag.

Nach einem guten Frühstück verlassen wir unser Quartier kurz nach zehn und gehen ins Zentrum Éguzons. Die Stadt hat immerhin 1317 Einwohner. Hier lasse ich im Rathaus, das in einem Teil des Schlosses untergebracht ist, unsere Pilgerpässe stempeln. Nach dem Besuch der Kirche kauft Christine die noch fehlenden Lebensmittel auf unserer Liste ein: Wurst, Camembert, Marmelade, Nassfutter für Kito und Sprudelwasser. Und in einer Boulangerie gelangen noch je zwei Apfeltaschen und Rosinenschnecken in Christines Rucksack.

Unser anfangs noch asphaltierter Weg wird nach und nach zum Feldweg und endet an der **Claviere**, einem kleinen Fluss. Hier gibt es eine Furt und eine schmale Brücke, wobei wir letztere wählen und prompt nachfolgend einen sehr schmalen, holprigen Pfad zur Fortsetzung unserer Straße ab der Furt zu bewältigen haben. Nun geht es geraume Zeit, teils auf nacktem Felsboden, teils auf ausgewaschenem Fahrweg, wieder bergauf.

Ungefähr auf halber Höhe nähert sich uns von unten / hinten ein einzelner Pilger. Es ist *Dirk* aus Herford, der am 13. Juli zu Hause gestartet ist und den gesamten Weg in einem Stück geht. Er begleitet uns ein Stück bis nach **La Feyte**, den nächsten kleinen Ort, wo wir uns wieder trennen. Er ist natürlich schneller als wir, aber er setzt sich erst einmal gar nicht so sehr ab. Nach einiger Zeit sehen wir ihn nicht mehr.

Anstieg vom Flüsschen Claviere nach La Feyte

Zwischen La Feyte und Vitrat teilt sich die Strecke in eine Variante für gutes und eine für schlechtes Wetter.

Unser Weg onduliert auf schmalen oder auch breiteren Graswegen, Schotterwegen und Straßen gut drei Kilometer vor sich hin, wobei die Landschaft durchaus schön ist, aber der Weg auch anstrengend ist. In **Vitrat** senkt sich die Straße, die ab Ortsmitte für Busse und Schwerlastverkehr gesperrt ist, auf engen Serpentinen ins Tal und steigt auf der anderen Seite hinauf nach **Crozant**. Dabei sehen und passieren wir die Ruine der einstigen **Festung Crozant**, die eine der bedeutendsten Festungen in Zentralfrankreich war, bevor sie 1356 zerstört und nie wiederaufgebaut wurde.

Blick vom Picknickplatz bei der Kirche Saint-Étienne in Crozant auf die Festungsruine

Crozant hat sich jedoch auch einen Ruf als eines der Zentren des Impressionismus erworben. Zahlreiche bedeutende Impressionisten wie *Claude Monnet* und *Armand Guillaumin* lebten und arbeiteten hier und trugen zum Ruf der hiesigen Malschule bei.

Nachdem wir neben der **Kirche Saint-Étienne** gerastet und auch Dirk wiedergetroffen haben, führt uns der Pilgerweg über einen erneuten steilen, felsigen, zugleich aber auch sehr schönen Bergab-Pfad ins wunderschöne – man könnte sagen: malerische – Tal der **Sédelle**, wo wir *„Le sentier des peintres"*, dem *Weg der Maler*, folgen. Auf Schautafeln sind immer wieder Gemälde der hiesigen Impressionisten und die dazugehörenden Motive präsentiert.

130

im Tal der Sédelle

Nachdem wir die D913 erreicht haben, überqueren wir auf ihr die Sédelle und biegen nach wenigen Metern in die D72 ein, die auf den nächsten vier Kilometern überwiegend ansteigt. Da sie zudem recht kurvig ist und die wenigen Autos sehr schnell rasen, muss Kito hier nach einiger Zeit an die Leine, was er gelassen hinnimmt. Dabei durchqueren wir **Grange du Bois** (grange = Scheune), **Coublins**, **Josnon**, **le Goux** und erreichen dann **La Chapelle-Baloue** (dessen einstigen Bahnhof wir bereits einen Kilometer früher hinter uns gelassen haben). Hier rasten wir kurz neben der Mairie, die heute jedoch geschlossen ist.

Es ist jetzt gegen 17 Uhr. Dirk wird heute hier im Ort übernachten; wir jedoch haben noch acht Kilometer vor uns und ziehen daher weiter.

Allerdings vereinfachen wir uns – vor allem aus Zeitgründen – diesen Schlussabschnitt ein wenig, indem wir nicht die ausgewiesenen kleinen Nebenstraßen nehmen, sondern auf der D72 bleiben.

Vor dem Ortseingang **Saint-Germain-Beaupré** (357 Einwohner) gibt es mehrere hübsche Picknickplätze, einer davon an einem See und einem alten Waschhaus. Danach steigt die Straße an. Der Pilgerweg, auf dem wir inzwischen wieder sind, biegt nach links von der D72 ab. Wir gehen an der Außenmauer des Schlosses aus dem 16. Jahrhundert und des Schlossparks vorbei. Beide sind für die Öffentlichkeit nicht zugänglich. Ein paar Tontaubenschützen verängstigen nicht nur Kito, sondern auch die Rinder rechts neben der Straße.

Um 18:30 Uhr (kalkuliert hatten wir 19:30 Uhr!) erreichen wir den Ortskern und die Kirche Saint-Germain und müssen nun nur noch Haus Nr. 5 der Grande Rue finden. Die Straße haben wir, aber die Nummer 5 scheint sich zu verstecken. Wir fragen einen Nachbarn nach Madame Fernandez, und er meint lachend „pélerins" & „dormir". Es ist das Haus schräg gegenüber.

Madame Fernandez hat einen schwarzen Hund, etwa doppelt so groß wie Kito, der uns freundlich begrüßt. Beide Hunde verstehen sich auf Anhieb und tollen herum. Unser Zimmer im ersten Stock ist das gelbe Zimmer. Uta hat das rote nebenan. In unserem Zimmer gibt es zwei Einzelbetten mit Nachtschränken, einen Teppich zwischen den Betten, ein Waschbecken, einen Schrank und ein gelbes rundes Gartentischchen mit zwei dazu passenden Stühlen. Alles ist sauber und zweckmäßig, aber kalt. Das Haus ist ungeheizt.

Um 19 Uhr sind wir zum Abendessen in Madames großer Küche. Es gibt Salat, dann ein leckeres Hähnchengericht, Käse und Tiramisu. Uta ist aufgedreht und hat viel zu erzählen, wobei wir drei Deutschen meist Deutsch reden und Uta ab und zu Passagen ins Französische übersetzt. Erst gegen Ende des 90minütigen Essens wechseln wir ins Englische, das Madame auch einigermaßen gut versteht.

Nach dem Duschen schreibe ich noch meinen gestrigen Tagesbericht fertig, schaffe dafür aber den heutigen nicht ganz. Um 23:30 Uhr gehe ich noch mit Kito kurz raus (Christine schläft schon), dann ist auch für mich heute Schluss.

Tageskilometer: 24,65 km

Gesamtdistanz ab Hamburg: 1946,22 km

Wetter: 15-18 °C, meist bewölkt, erst am Nachmittag sonnig

Mitpilger: Dirk aus Herford, somit nun 18

Erkenntnisse des Tages: Es ist schön, wieder schmerzfrei zu sein. Die Strecke heute war erneut sehr anspruchsvoll, aber partiell auch immer wieder wunderschön. Und an ungeheizte Unterkünfte im Herbst muss man sich in Frankreich zunehmend gewöhnen.

18. SEPTEMBER 2024
SAINT-GERMAIN-BEAUPRÉ
NACH LA SOUTERRAINE

Heute treffen wir uns mit Uta um halb neun zum Frühstück in Madame Fernandez' großer Küche. Es gibt Baguette, dazu Butter, diverse selbstgemachte Marmeladen, Honig, Nusscreme und Kaffee. Auf dem Tisch liegen auch unsere vier Pilgerpässe, die unsere Gastgeberin über Nacht mit liebevollen bunten Pilgerbildern (statt eines Stempels) verziert hat. Anschließend zahlen wir unseren Obulus (25 €/P + 20 €/P fürs Abendessen = 2 x 45 € = 90 €), packen und brechen um zehn Uhr auf. Uta ist wie üblich schon vor uns fertig und verabschiedet sich, bevor sie geht, sehr nett von uns. Auch wenn sie und wir doch immer wieder eigene Ideen hatten und eigene Wege gingen, so waren die gemeinsamen Treffen sehr nett und angenehm. Das Schloss von Saint-Germain-Beaupré hatten wir ja gestern passiert, wobei Schloss und Park ja nicht öffentlich zugänglich sind. Die **Kirche Saint-Germain** aus dem 15. Jahrhundert ist verschlossen. So entgehen uns beide Sehenswürdigkeiten dieses Orts, was wir aber überleben.

Madame Fernandez' Haus

Die Kirche Saint-Germain in Saint-Germain-Beaupré hat einen ungewöhnlichen Turm.

ausgemusterte Grabsteine in Saint-Germain-Beaupré

Gleich nach dem Ortsausgang verzweigt sich die Straße und hinter **Le Boucheron** biegen wir bei Tageskilometer 1,7 in einen sehr schönen Grasweg ab. Er wird zumeist auf seiner rechten Seite von diversen Bäumen und Sträuchern, darunter Ilex, Brombeeren und Ginster, gesäumt.

134

Die Landschaft des Limousin um uns herum ist wunderschön. Wir genießen die vielen tollen Ausblicke.

Pilgerweg zwischen Saint-Germain-Beaupré und Saint-Agnant-de-Versillat

Pilgerweg zwischen Saint-Germain-Beaupré und Saint-Agnant-de-Versillat

Etwa zwei Kilometer vor Saint-Agnant-de-Versillat erreichen wir einen hübschen Rastplatz für Pilger. In einer aufklappbaren Holzbox an einem Baum finden wir ein Gästebuch sowie eine Mappe mit Informationen für die Pilger, darunter auch einige zu Pilgerunterkünften. Natürlich hinterlassen wir im Gästebuch auch unsere Grüße und Namen.

In **Saint-Agnant-de-Versillat** (1079 Einwohner) erreichen wir um 11:40 Uhr Kirche und Mairie. Das ist prima, denn letztere hat bis 12 Uhr geöffnet, und so bekommen wir hier Pilgerstempel. Außerdem gibt es neben Kirche, Mairie und dem zuvor mehrfach beworbenen, aber leider nicht geöffneten Lebensmittelladen Proxi einen Tisch mit zwei Bänken.

Ich besichtige zuvor schnell noch die **Kirche Saint-Agnan**, die mich anfangs etwas irritiert, bis ich den Grund bemerke: Ihre Längsachse weist zwischen Turm, Mittelteil und Chor zwei Knicke auf! Abgesehen davon ist sie sehr schön. Auch das **Kriegerdenkmal** zwischen unserem Picknickplatz und der Kirche ist ungewöhnlich, weil den gefallenen Söhnen der Stadt im Krieg 1914-**1919** (!) gewidmet.

Mairie (links) und Kirche Saint-Agnant in Saint-Agnant-de-Versillat

Während wir hier rasten, ziehen hinter uns zwei Pilger (# 19 & 20) vorbei, tauchen aus einer Nebenstraße wieder auf, stellen fest, dass der Lebensmittelladen Proxi geschlossen ist, und verschwinden wieder. Wenige Minuten später erscheint ein weiterer junger Pilger (# 21). Er ist

Belgier und heißt Evrard. Die beiden anderen, so erklärt er uns, sind Hans und Anton, zwei Niederländer. Und Dirk kennt er auch bereits. Wir unterhalten uns einige Zeit nett mit ihm. Dann wählt er eine schattige Bank zum Rasten aus, während wir weiterziehen.

Rast vor Kirche und Rathaus in Saint-Agnant-de-Versillat

Kito ist wie immer hungrig.

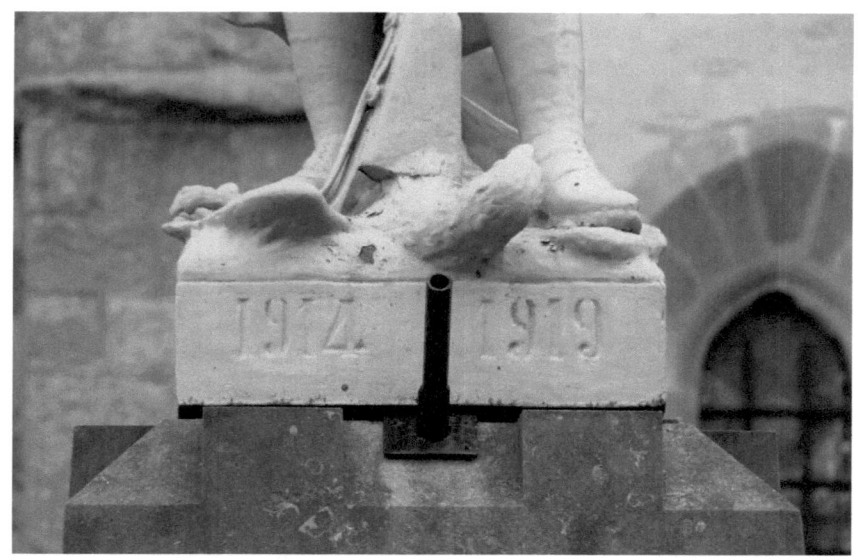

In Saint-Agnant-de-Versillat gedenkt man der Opfer des 1. Weltkrieg von 1914 bis 1919.

Während wir hier rasten, ziehen hinter uns zwei Pilger (# 19 & 20) vorbei, tauchen aus einer Nebenstraße wieder auf, stellen fest, dass der Lebensmittelladen Proxi geschlossen ist, und verschwinden wieder. Wenige Minuten später erscheint ein weiterer junger Pilger (# 21). Er ist Belgier und heißt Evrard. Die beiden anderen sind Hans und Anton, zwei Niederländer. Und Dirk kennt er auch bereits. Wir unterhalten uns einige Zeit nett mit ihm. Dann wählt er eine schattige Bank zum Rasten aus, während wir weiterziehen.

Beim Bergauf-Weg aus dem Ort heraus sehen wir dann Hans und Anton, die in einem schattigen Bushaltestellenhäuschen rasten.

Heute früh war es bei unserem Aufbruch in Saint-Germain-Beauprés noch um die 14 °C. Jetzt, gegen 12:30 Uhr, ist es im Schatten um die 18 °C kühl, aber in der Sonne eher wie 24 °C.

Der Friedhof hier in Saint-Agnant-de-Versillat hat ein zweites **Kriegerdenkmal** („**lanterne des morts**") zu bieten. Viel auffälliger sind die wie Treibhäuser aussehenden gläsernen Überbauungen einiger Gräber, die ich in dieser Weise noch nie gesehen habe.

Der nachfolgende Wegabschnitt ist ein sicherlich sehr, sehr alter Hohlweg, der beidseits von dichter Vegetation umschlossen ist und teils wie in einem grünen Tunnel verläuft. Er ist einer der schönsten Abschnitte unseres bisherigen Wegs auf der Via Lemovicensis und erinnert mich sehr an den Camino Inglés, den Christine und ich im Oktober 2018 als unseren aller ersten Pilgerweg gingen. Und ein Waldstück sieht beinahe so aus wie der *bosque encantada* (Zauberwald) auf dem Camino Inglés zwischen Sigüeiro und Santiago de Compostela.

gläserne Konstruktionen auf dem Friedhof von Saint-Agnant-de-Versillat

In Saint-Agnant-de-Versillat gedenkt man der Opfer des 1. Weltkrieg von 1914 bis 1919.

Christine kommt mit ihrem Pilgerwagen fast überall durch.

Unterwegs sehen wir unser zweites Hirsefeld.

Nach knapp zwei Kilometern ist dieser super-schöne Abschnitt leider vorbei, und die Landstraße hat uns wieder. Der Verkehr ist zwar recht dünn, aber die wenigen Auto rasen trotz enger und kurviger Straße, so dass Kito hier an die Leine muss. Wir wollen ihn ja noch länger bei uns haben! Je näher wir La Souterraine kommen, umso mehr Verkehr herrscht vor, so dass wir froh sind, wenn uns die Markierungen wenigstens in schmalere und ruhigere Straßen führen.

Christines Pilgerwagen stößt immer wieder auf Erstaunen.

Um 14:30 Uhr sind wir in unserer Unterkunft in **La Souterraine** (4933 Einwohner!) angekommen. Es ist ein kleines Appartement mit geräumigem Schlafzimmer, Bad mit Dusche und Küche sowie einer von Mauern gesäumter eigener Terrasse. Allerdings ist es auch hier, wie in fast allen anderen Unterkünften, kalt, weil ungeheizt. So lange draußen die Sonne scheint, wird wenigstens die Küche etwas wärmer.

Wir nutzen die Zeit für weitere Etappenplanung – Christine vom Bett, ich vom Küchentisch aus. Für morgen kann ich telefonisch eine hundefreundliche Unterkunft hinter Marsac buchen und für übermorgen per Mail eine weitere in Châtelus-le-Marcheix!

Erst nach 17 Uhr raffen wir uns wieder auf und gehen ins gerade einmal 500 Meter entfernte Stadtzentrum. Zunächst aber steuern wie das Rathaus an und holen uns dort Pilgerstempel. Dann gehen wir zur **Église Notre-Dame**. Sie ist eine der größten und mächtigsten Kirchen auf unserem Weg in diesem Herbst. In der Kirche liegen Listen aus, in die sich die Pilger eintragen können. Das machen wir wie Dirk, Hans und Anton bereits heute vor uns (und vergessen dabei unseren einzigen

Kugelschreiber). Durch die **Porte Saint-Jean**, ein Stadttor aus dem 13. Jahrhundert, ziehen wir weiter zur Pizzeria und dem Döner-Laden. Wir entscheiden uns für letzteren, der aber erst um 18 Uhr öffnet, wobei wir die Wartezeit nutzen, um Limonade, Wein und Süßigkeiten zu kaufen.

Döner und Pommes essen wir in unserem Quartier, wozu wir das Essen in der Mikrowelle wieder ganz heiß machen.

Danach klönen, lesen und planen wir – teils zusammen, teils jeder für sich. Im Libanon sind heute Kommunikationsgeräte der Hisbollah explodiert – dieses Mal offenbar Funkgeräte. Laut Behörden wurden mindestens 14 Menschen getötet und mehr als 450 Menschen verletzt. Gestern hatte es bei einer Explosionsserie von Pagern 12 Tote und rund 3000 Verletzte gegeben, darunter viele im Gesicht oder Bauch Schwerverletzte.

Mein heutiger Tagesbericht sowie der Rest des gestrigen warten noch auf mich. Kurz vor Mitternacht bin ich fertig, dusche und husche ins Bett.

Tageskilometer: 12,33 km

Gesamtdistanz ab Hamburg: 1958,55 km

Wetter: 15 bis 24 °C, sonnig

Mitpilger: wieder Uta aus Berlin, dazu später Anton und Hans aus den Niederlanden sowie Evrard aus Belgien, damit nun 21

Erkenntnis des Tages: Ein kurzer Pilgertag lässt uns die schöne Strecke mehr genießen. Außerdem können wir die nächsten Unterkünfte festmachen und die Reststrecke bis Limoges vorstrukturieren. Es ist gut, so wie es ist.

19. SEPTEMBER 2024
LA SOUTERRAINE NACH
MARSAC (LES RIVAILLES)

Heute stehen wir früher als üblich auf, frühstücken kurz in unserem Quartier und sind um 8:45 Uhr startbereit. Die Kirche Notre-Dame, in der ich gestern einen unserer beiden Kugelschreiber liegenlassen hatte, ist um 8:52 Uhr noch zu, ebenso um 9:08 Uhr, so dass wir den Stift als Verlust verbuchen müssen. Wir kaufen noch ein Baguette und ziehen dann los.

Porte Saint-Jean in La Souterraine

Am Ortsausgang La Souterraines schließt Marguerite, die wir bereits vor ein paar Tagen in Gargilesse getroffen hatten, zu uns auf. Sie bleibt noch eine Zeitlang dicht hinter uns, überholt uns dann jedoch, als wir bei **Sagnemoussouse** eine Trinkpause einlegen.

Die ersten knapp neun Kilometer heute sind ausreichend verkehrsreiche Straße (meist die D10), so dass Kito diese Strecke konsequent neben uns an der Leine pilgern muss. Die **Kirche Saint-Laurent** in **Saint-Priest-la-Feuille** (739 Einwohner), die wir natürlich besichtigen, hat ein Gästebuch und einen eigenen Pilgerstempel. Hans und Anton, die

143

beiden Holländer, haben sich heute bereits eingetragen. Noch während ich unsere Pilgerpässe stempele, erscheint Dirk. Der rastet wenig später vor der Mairie, so dass wir ihn dort hinter uns lassen.

unser Rastplatz hinter Le Bec, auf den knorrigen Wurzeln einer alten Eiche

steiniger Abschnitt unseres Pilgerwegs hinter Le Bec

Dafür tauchen, als wir hinter Saint-Priest-la-Feuille endlich auf Feld- und Graswege abbiegen, plötzlich Hans und Anton hinter uns auf. Auch die lassen wir kurz nach **Le Bec** auf die gleiche Weise vorbei wie zuvor Marguerite. Während wir dann unter einer großen knorrigen Eiche, deren Wurzeln tolle Sitzgelegenheiten sind, rasten, kommt wieder Dirk vorbei. Später überholen wir ihn dann zweimal, während er im Schatten rastet.

Am Ortsrand von **Chamborand** (244 Einwohner) entdeckt Christine eine Smaragdeidechse. Als kurz darauf auf dem Friedhof des Orts unsere Trinkflaschen mit Wasser auffüllen, passiert uns Marguerite, die wir kurz vorher bei ihrer letzten Rast überholt haben. In der Kirche in Chamborand sind dann Dirk, Marguerite und wir drei gleichzeitig.

Auch auf dem Friedhof von Chamborand gibt es diese merkwürdigen Grabaufbauten.

Es ist echt witzig: Niemand von uns veranstaltet ein Wettrennen. Jeder geht seinen eigenen Rhythmus, und trotzdem trifft man sich an ein und demselben Tag gleich X-mal.

Als der Pilgerweg hinter Chamborand dann auf kleine verkehrsarme Straßen bzw. Schotterwege wechselt, darf Kito bis Benevent-l'Abbaye wieder fast durchgehend frei herumlaufen. Dieser zweite Streckenteil ist einer der landschaftlich schönsten dieser Pilgerstrecke. Wir genießen die zahlreichen wunderbaren Ausblicke, die sich uns bieten.

Das Wetter meint es heute wirklich gut mit uns: Bei Start heute früh waren es noch 11 °C, die dann jedoch zügig auf 24 °C anstiegen, was sich bei anhaltender und praller Sonne schon mal wie 31 °C anfühlt. Dementsprechend trinken wir heute alle sehr viel: ich knapp drei Liter und selbst Kito rund einen Dreiviertelliter.

Einige Kilometer vor Benevent-l'Abbaye sehen wir einen „neuen" Pilger vor uns. Am **Stausee La Toueille** rastet er dann, so dass wir zu ihm aufschließen. Es ist der ältere unbekannte Pilger, der vor zehn Tagen im Safari-Zelt bei Sophie neben uns übernachtet hat. Er heißt, wie er auf den nachfolgenden gemeinsamen Kilometern erzählt, Bas und kommt aus Epe. Wie wir pilgert er gerade von Vézelay nach Limoges.

Stausee La Toueille

In **Benevent-l'Abbaye** (762 Einwohner) trennen wir uns. Hier legen Christine und Kito auf einer schattigen Parkbank direkt neben dem Pilgerweg eine Pause ein. Währenddessen gehe ich zur nahegelegenen **Kirche Saint-Barthélémy**, sehe mir diese an und lasse unsere Pilgerpässe im Office de Tourisme stempeln. Die Kirche wurde in der zweiten Hälfte des 12. Jahrhunderts als Kirche eines Augustiner-Chorherrenstiftes errichtet. Der weitgehend original erhaltene Kirchenbau ist ein typisches Beispiel für die Architektur der Romanik im Limousin.

Kirche Saint-Barthélémy in Benevent-l'Abbaye

Anschließend esse ich auf der Parkbank das, was die beiden mir an Würstchen und Camembert-Brot übriggelassen haben. Dann ziehen wir weiter, wobei wir an einer niedrigen Mauer mit Hecke darüber innerhalb weniger Meter mehr als ein Dutzend Mauereidechsen sehen. Wir bleiben zunächst – immer noch im Ort – an einem Carrefour Supermarkt „hängen", wo ich schnell zwei 0,5-l-Flaschen Orangenlimo, dazu Kaffeegranulat, Kugelschreiber und eine neue Portion Knackwürste kaufe. Die Limo trinken wir gleich vor Ort, bevor wir weitergehen.

Nach einem Kilometer können wir die vielbefahrene D914 verlassen und nach links in einen schattigen Waldweg abbiegen. Ab hier ist Kito wieder frei. Die nachfolgenden drei Kilometer bis Marsac sind wunderschön. Immer wieder erinnern uns die Aussicht, aber auch die Vegetation mit reichlich Farnen am Streckenrand an Wales.

Marsac (643 Einwohner) erreichen wir kurz vor 18 Uhr. Die **Église Saint-Pierre et Saint-Paul de Marsac** ist noch geöffnet, die Boulangerie und ein Laden ebenfalls. Christine kauft sicherheitshalber ein neues Brot.

Hinter Marsac biegen wir vom Pilgerweg auf die D43 in Richtung **Les Rivailles** ab. Vom Abzweig sind es noch 1,5 Kilometer bis zu unserer gebuchten Pilgerunterkunft, wobei diese Streckenvariante im Vergleich zum Pilgerweg weder Umweg noch Abkürzung ist. Die Straße steigt

147

spürbar an, so wie die Landschaft überhaupt schon einige Kilometer vor Benevent-l'Abbaye deutlich hügeliger geworden ist. Um kurz vor 19 Uhr erreichen wir (bei noch immer 24 °C) unser heutiges Pilgerquartier *Labalade*.

Wegabschnitt zwischen D914 unterhalb von Benevent-l'Abbaye und Marsac

In der Abendsonne wirkt die D43 zwischen Marsac und Les Rivailles bereits herbstlich.

Vor dem Haus gibt es Geburtstagsschmuck *„Hans 60"*. Als wir uns vom oberhalb des Hauses gelegenen Parkplatz dann selbigem nähern, stellen wir fest, dass wir genau zur rechten Zeit gekommen sind, denn Ruud, der Gastgeber, und vier Niederländer haben gerade das Abendessen eröffnet. Und das Geburtstagskind ist tatsächlich unser Mitpilger Hans, der hier und heute seinen 60. Geburtstag feiert, und zwar mit Anton sowie zwei seiner Freunde, die eigens deshalb aus Holland angereist sind.

Mit Anton (er ist mit 71 Jahren heute unser Senior) kommen wir ein wenig ins Gespräch. Er und Hans kommen aus Breda (Süd-Holland) und sind seit Mitte August in einem Stück von dort nach Santiago unterwegs, wobei sie ab Vézelay die nördliche Route über Bourges gegangen sind. Anton ist diesen Weg bereits 2011 (damals über Nevers) gemeinsam mit seiner Frau gegangen und konstatiert ein wenig wehmütig die Veränderungen der vergangenen 13 Jahre. Damals seien sie ohne Navi, Track und Smartphone, sondern nur mit gedruckter Wegbeschreibung und Karte unterwegs gewesen und habe eine abendliche SMS an die Familie als Lebenszeichen ausgereicht. Heutzutage ist die Streckenfindung deutlich einfacher, aber dafür erwarten Freunde und Familie wesentlich mehr Tageseindrücke per Smartphone oder Web.

niederländische Geburtstagsparty: Geburtstagskind Hans in Gelb, daneben in Schwarz unser Gastgeber Ruud

Das Essen ist toll und die Stimmung dank Bier und Wein sowie holländischer Extrovertiertheit noch toller und vor allem sehr ausgelassen. Das schließt diesmal auch Christine ein, die sich irgendwann zwischendurch mit Ruud darauf verständigt, dass wir nicht im Haus, sondern in einem seiner beiden Pipowagen, einer Art Zirkus- bzw. Bauwagen, übernachten. Allerdings dauert es bis nach 22:30 Uhr, bis wir uns endlich aus der Geburtstagsparty ausklinken und unser Quartier ansteuern können.

Wir haben **Pipowagen 1** (es gibt auch noch zwei weitere). Er steht oberhalb des Hauses auf einer geneigten Wiese, auf der Kito bereits mit den beiden Hunden unseres Gastgebers herumgetobt ist. „Unser" Pipowagen 1 ist sechs Meter lang und zwei Meter breit, hat eine kleine Küche mit Gasherd, Wasserkocher und fließend Wasser, einen Schreibtisch mit einem Stuhl, eine Heizung und an der Stirnseite ein großes Doppelbett mit Bettwäsche. Außerdem hat er einen etwa drei Meter langen, teilweise überdachten Balkon. Die Duschen und Toiletten befinden sich im rund 80 Meter entfernten Haus, in dem alle niederländischen Gäste nächtigen.

Die elektrische Heizung ist effektiv und der Pipowagen dementsprechend schnell kommodig. Christine strebt nach der ausgelassenen Party direkt ins Bett, während ich noch eine Kurzfassung unserer Tageserlebnisse niederschreibe und ihr wenig später – na ja: gegen 23:30 Uhr – dann folge.

Tageskilometer: 31,23 km

Gesamtdistanz ab Hamburg: 1989,78 km

Wetter: 9 bis 26 °C, trocken, sonnig, nur wenig Schatten

Mitpilger: heute Dirk, Hans und Anton, Marguerite sowie Bas, damit weiterhin 21

Erkenntnisse des Tages: Nach einem langen, schönen Pilgertag mit mehr als 30 Kilometern ist man nicht davor gefeit, plötzlich in eine niederländische Geburtstagsparty zu geraten und anschließend in einem Pipowagen zu übernachten.

20. SEPTEMBER 2024
MARSAC (LES RIVAILLES) NACH CHA-TELUS-LE-MARCHEIX

So ein Pipowagen ist nicht schlecht: „Unserer" ist geräumig, gut eingerichtet, vor allem aber dank seiner Heizung kuschelig warm. Auch das große Bett ist angenehm, nur die gemeinsame Bettdecke für beide Schläfer etwas zu schmal bzw. zu umkämpft, außer man liegt die ganze Nacht eng an eng.

Wir sind pünktlich um kurz nach acht – verabredet war „zwischen acht und Viertel nach acht" – am Frühstückstisch. Hans und Anton sind bereits da, sogar mit fertig gepackten Rucksäcken, dazu ihre beiden Freunde. Es gibt Marmelade, Camembert, getoastetes Toastbrot sowie Graubrot und reichlich Kaffee. Anschließend stempelt Ruud unsere Pilgerpässe, und wir bezahlen. Für uns sind diesmal fällig: Übernachtung inkl. Abendessen und Frühstück 40 €/P = 80 €, Zuschlag für den Pipowagen = 10 € = zusammen 90 €. Hinzu kommen unsere Getränke gestern Abend mit 21 €.

unser Pipowagen 1 von außen…

... und von innen

unsere Abrechnung: 2 x Halbpension Pilger, 2 x Zuschlag für Pipowagen, Bier und Wein am Vorabend, Hund frei

Wir packen fix und brechen um kurz vor zehn Uhr auf. Um zum Pilgerweg zurück zu gelangen, müssen wir nur die D43 weitergehen und an der nächsten Weggabelung in die D57 schwenken. Die bringt uns direkt nach **Arrènes** (207 Einwohner) und der dortigen **Église Saint-Eu-trope**. Sie stammt aus dem letzten Viertel des 15. bzw. dem ersten Viertel des 16. Jahrhunderts. Natürlich besichtigen wir sie kurz.

Église Saint-Eutrope in Arrènes

Aussicht von Saint-Goussaud: Irgendwo dort unten sind wir heute gestartet.

Vor allem jedoch diskutieren wir, auf welchem Weg wir die nachfolgende „Bergankunft" in **Saint-Goussaud** (163 Einwohner) erreichen wollen. Auf dem beschriebenen Pilgerweg sind es bis dort 5,2 Kilometer, auf der D48 5,8 Kilometer. Wir entscheiden uns wegen Christines Pilgerwagen für die Straße. Kito ist geduldig und geht die gesamte Strecke brav an der Leine.

Die Vegetation beidseits der Straße ist üppig. Vor allem Farne, Moos und Flechten gibt es im Übermaß, was auf hohe Niederschlagsmengen hier schließen lässt.

Kito wartet geduldig auf sein Frauchen.

Oben müssen wir „Jungs" an einem Picknickplatz am Ortseingang knapp eine Viertelstunde auf Christine warten, aber das macht nix. Da es hier oben recht windig ist und die Temperatur nur knapp unter 20 °C erreicht (ansonsten ist es zumeist bewölkt), picknicken wir hier nicht, sondern gönnen uns im nahegelegenen Café eine Tasse Kaffee bzw. heiße Schokolade und dazu jeder eine Portion Fritten (11,60 €). Während wir dort essen, kommt auch Bas herein. Er setzt sich wegen Kito jedoch lieber an einen anderen Tisch.

Wir besichtigen noch die **Kirche Saint-Goussaud** aus dem 12. Jahrhundert und ziehen weiter. Nun geht es die allermeiste Zeit bergab. Zunächst gehen wir noch ein Stück auf der D48, doch dann biegen wir in

wunderschöne Naturwege ab. Langstreckig gehen wir sehr alte Hohl-
wege, die allerdings oft auch sehr ausgewaschen und dementsprechend
steinig bzw. geröllig sind. In den schwierigen Abschnitten übernehme
ich wieder Christines Pilgerwagen.

Kirche Saint-Goussaud (12. Jh.)

Dieser Wegabschnitt war wunderschön.

Die Markierungen sind weiterhin gut, wobei wir derzeit den rot-weiß markierten G4 und nicht mehr den gelb-blauen GR654 gehen. Auch hier erinnert uns die Landschaft immer wieder an Wales. Andererseits gibt es hier auch Esskastanien, wie wir sie 2018 auf dem Camino Inglés kennengelernt haben.

Bei einer Futterpause für den völlig ausgehungerten Pinscher überholt uns Bas, und kurz vor unserem Zielort zieht auch Dirk noch an uns vorbei. Er berichtet, dass Evrard und Marguerite, die eigentlich beide nach Limoges gehen wollten, wegen des ab morgen prognostizierten Regens abgebrochen und sich per Bahn auf den Heimweg gemacht haben.

Um kurz vor 15 Uhr rufen wir (wie verabredet) unsere Gastgeber an und kündigen unsere Ankunft für etwa 16 Uhr an. Bald sehen wir **Châtelus-le-Marcheix** vor uns im Tal liegen. Die Mairie ist günstig gelegen, nämlich direkt an unserer Straße in den Ort hinein. Hier bekomme ich natürlich wieder einen Satz Stempel. Im Ort verzichten wir diesmal auf den Abstecher zur hoch am Hang gelegenen Kirche, sondern streben unverzüglich zu unserer Unterkunft.

Petra und Eric Kolkman haben zwei Hunde, die als Alarmanlage ähnlich gut funktionieren wie Kito und uns natürlich sofort melden. Petra und Eric können unser Eintreffen um 16 Uhr also gar nicht verpassen und heißen uns sehr herzlich willkommen. Kito wird von Sherpa, einem Tibet-Terrier, und Terra, einer Bordercollie-Hündin, fast überrannt. Zunächst sucht er Schutz bei Christine und mir, aber binnen weniger als 15 Minuten hat er die Führung im kleinen Rudel übernommen. Vor allem muss er nun „seine" Menschen beschützen und davon abhalten, die beiden anderen Hunde zu beschmusen.

Wir bekommen ein geräumiges Zimmer im Obergeschoss des Hauses mit einem großen Bett, einem kleinen Schreibtisch, reichlich Steckdosen, einem Bad mit Dusche, Waschbecken und WC. Und wir können unsere Wäsche in Petras Waschmaschine waschen und im Trockner in unserem Bad auch sogleich trocknen! Das genießen wir.

Um 18 Uhr treffen wir uns wieder mit Petra und Eric, diesmal zum Abendessen. Beide sind ehemalige Verwaltungsbeamte und inzwischen pensioniert. Beide sprechen sehr gut Deutsch. Das Haus besitzen sie bereits seit 2011, konnten es jedoch anfangs nur in den Ferien nutzen. Seit vier Jahren wohnen sie nun dauerhaft hier. Beide engagieren sich ehrenamtlich im Ort, u.a. in der Pilgerherberge. Der Ort hatte 1962 noch 794

Einwohner, 2021 jedoch nur noch 286. Allerdings werden viele eigentlich leerstehende Häuser weiter von den Nachkommen bzw. Familien der früheren Bewohner instant gehalten und als familieninterne Ferienhäuser genutzt, so dass die Einwohnerzahl im Sommer passager wieder auf etwa 700 ansteigt.

Petra und Eric beherbergen in ihrem Wohnhaus selbst erst seit einem Jahr Pilger, und wir sind die ersten, die ihren neu angeschafften Pilgerstempel bekommen!

Zum Abendessen gibt es Tomaten-/Paprikasuppe, eine Art Rindergulasch, wahlweise mit Kartoffeln und/oder Reis, sowie Kirschkuchen und als Abschluss Kaffee. Alles ist absolut köstlich!

Bis 21 Uhr sitzen wir noch zusammen und klönen. Dann vertagen wir uns auf acht Uhr morgen früh. Wir beide müssen als nächstes unsere letzten beiden Unterkünfte klarmachen: In Saint-Léonard-de-Noblat (okzitanisch: Sent Liunard) soll es, laut Ruud heute früh, nur zwei Optionen geben – die kommunale Gite pelerin und ein teures Hotel. Wir hatten von Eric noch einen Kontakt über „*Vrienden op de Fiets*" bekommen und dort auf den Anrufbeantworter gesprochen. Bei meinem zweiten Anruf legt mein Gegenüber bereits nach meinen ersten Worten auf. Eine andere private Unterkunft hatte ich (wie gewünscht) per SMS angefragt, aber die ist morgen nicht mehr frei. Letztendlich bucht Christine uns via booking.com ein Quartier. Das ist erstens günstig und zweitens auch bei späterer Ankunft problemlos. Und weil es auch für übermorgen in Limoges nichts günstigeres für uns gibt als das booking.com-Angebot, bucht sie dieses auch sogleich. Nach Kitos Spätrunde sind Christine und Kito dann gegen 22:20 Uhr im Bett, während ich noch bis 23:45 Uhr am Laptop sitze.

Tageskilometer: 15,46 km

Gesamtdistanz ab Hamburg: 2005,26 km

Wetter: 14 bis 24 °C, bis gegen 14 Uhr bedeckt, dann sonnig

Mitpilger: beim Frühstück Anton und Hans, auf den letzten Tageskilometern dann Bas und Dirk, damit weiter 21

Erkenntnis des Tages: Die heutige kürzere Tagesetappe war gut gewählt, auch um unsere Kleidung zu waschen und die letzten beiden Etappen zu planen. Und wir haben erneut sehr nette Gastgeber, die uns herzlich umsorgen.

21. SEPTEMBER 2024
CHATELUS-LE-MARCHEIX NACH
SAINT-LÉONARD-DE-NOBLAT

Als wir heute früh um 8:00 Uhr bei Petra und Eric zum Frühstück erscheinen, haben wir unsere Sachen bereits fertig gepackt. Das Frühstück ist reichhaltig und lecker. Unter anderem gibt es auch holländische Schokostreusel fürs Brötchen.

Christine mit Petra und Eric sowie Terra, Sherpa und Kito

Nachdem wir Erinnerungsfotos geschossen haben, brechen wir um kurz vor neun auf. Schließlich haben wir heute eine sehr lange und auch sehr steigungsreiche Strecke vor uns, wahrscheinlich die längste dieses Pilgersegments. Zunächst machen wir jedoch einen großen Fehler und gehen die D8, den Empfehlungen unserer Gastgeber folgend, bergab zum Fluss **Le Taurion**, der hier einen kleinen Badesee mit Strand formt. Das aber ist falsch, wie wir von zwei Einheimischen erfahren und wie es auch Christines Track eindeutig belegt. Also gehen wir einen steilen Weg wieder hinauf und kommen direkt im Ortszentrum neben der Pilgerherberge wieder an die D8. Jetzt endlich verlassen wir **Châtelus-le-Marcheix** in die richtige Richtung. Wir passieren **Le Lavadoux** und

Villemaumy und biegen dann nach links talwärts in die D8A ab, die nach der Departement-Grenze zwischen Creuse und Haut-Vienne dann D29 heißt und umgehend erneut wieder ansteigt.

Graspfad vor Virareix

Auf der nächsten Höhe biegen wir in einen Feldweg ab, der zu einem schmalen Pfad wird. Als ihn ein umgestürzter Baum ganz unpassierbar macht, müssen wir über die Wiese links des Wegs ausweichen. Nachdem der Weg in eine kleine Asphaltstraße übergegangen ist und wir **Virareix** erreicht haben, biegen wir nach rechts in den nächsten schmalen Weg ab. Auf den nächsten Kilometern verlaufen der GR4 und der GR654 gemeinsam. Der Weg ist hübsch, geht aber immer wieder hoch und runter.

Als wir **Les Billanges** erreichen, nutzen wir die Post zu einer kleinen Trinkpause. Die Poststation ist nämlich auch eine Gaststätte und eine Herberge. Hätten wir rechtzeitig in den Outdoor-Pilgerführer geschaut, so wären wir ab hier wahrscheinlich die zwei Kilometer kürzere, alte Streckenversion gegangen, so wie sie 2019 noch galt. Inzwischen führt der Weg jedoch von Les Billanges über weitere schöne, aber auch sehr anspruchsvolle Wege, einmal die D29 kreuzend nach Saint-Laurent-les-Églises. In diesem Abschnitt gab es mehrere sehr ausgewaschene und geröllige Anstiege und Gefälle, zwei Bachüberquerungen mit Furten bzw. schmalen Brücken, die mit dem Pilgerwagen immer wieder nur zu zweit zu bewältigen waren.

In **Saint-Laurent-les-Églises** (822 Einwohner, okzitanisch *Sent Laurenç l'Egleisas*) besichtigen wir kurz die **Kirche Saint-Laurent** aus dem 13. Jahrhundert und ein steinernes Wegekreuz aus dem 15. Jahrhundert, an dessen Sockel wir von 13:50 bis 14:10 Uhr unsere erste richtige Tagesrast einlegen. Bisher sind wir gut im Zeitplan, um unser Tagesziel noch im Hellen (also bis kurz vor 20 Uhr) erreichen zu können. Aber wir können uns keine Trödeleien leisten. Aus dem Ort heraus geht es nun wieder abwärts, auch auf steilen Wegen, bei denen ich den Pilgerwagen nach unten bugsiere. Diesmal geht es zum **Taurion**, der hier zu einem See gestaut ist, den wir auf der **Pont du Dognon** überqueren.

Im nachfolgenden Abschnitt, bei dem der Weg – so oder so – gut einhundert Höhenmeter ansteigt, verlassen wir den steil und steinig ansteigenden GR654 und damit den Pilgerweg und folgen zunächst den Serpentinen, dann dem geraden, aber einen Umweg machenden Verlauf der D5 und später D36 bis nach **Le Châtenet-en-Dognon** (392 Einwohner). Als wir neben der hiesigen Kirche eine weitere Rast einlegen, sehen wir auf dem gegenüberliegenden Gehweg einen uns noch unbekannten jungen Pilger in Badelatschen mit einem riesigen Rucksack vorbeigehen.

Man nannte ihn auch „Zunge".

Kirche in Le Châtenet-en-Dognon

Ab Le Châtenet-en-Dognon sind und bleiben wir wieder auf dem Jakobsweg. Der führt jetzt nämlich – natürlich weiterhin auf und ab – über kleine Landstraßen und einen kurzen Trail-Abschnitt. Dabei kommen wir u.a. auch durch **Lourdes**. Dies ist aber nicht der bekannte Wallfahrtsort, sondern so heißt einer der beiden Bauernhöfe am Weg.

Nachdem wir den Kirchturm von **Saint-Léonard-de-Noblat** (4332 Einwohner, okzitanisch: *Sent Liunard*) bereits geraume Zeit sehen konnten, erreichen wir den Ort und sein historisches Zentrum endlich um 19:15 Uhr. Für Pilgerstempel ist es definitiv zu spät. Außerdem ist die Kirche bereits geschlossen. Aber Dirk treffen wir bei seinem abendlichen Stadtrundgang.

Wir haben jetzt nur noch gut 1 ½ Kilometer teilweise steil bergab führenden Jakobsweg vor uns, bis wir um 19:40 Uhr endlich unser gebuchtes Quartier **Le Veilleur de Nobilat** erreichen. Das wird von einem jungen Paar geführt, das außerdem eine *Sandwicherie* betreibt. Unser Zimmer ist klein, aber gemütlich, hat ein kleines Bad (mit Dusche und WC), WLAN und eine Gartenterrasse, auf der wir ab Viertel nach acht unsere Schinkensandwichs mit Wein (Christine) bzw. Erdbeercidre (ich) und zum Nachtisch kleine Törtchen genießen.

Molly, die Hündin des Hauses, ein Labrador-Malinois-Mix, ist uns beim Einzug gefolgt und offenbar von Kito angetan, der indessen erst einmal auf seiner Decke ruht und erst zum Essen wieder hellwach ist. Molly indessen ist nicht nur auf Kitos Trockenfutter erpicht (das verschmäht sie durchaus nicht, wenn man es ihr anbietet), sondern vor allem auf Streicheleinheiten. Die genießt sie sehr, wobei sie sich nicht aufdrängt, sondern nur wartend in Position bringt.

Mit Duschen, etwas Handwäsche und meinen Tagesnotizen vergeht der Rest des Abends im Nu, und nach diesem langen, wirklich anstrengenden Tag haben wir uns das gemütliche Bett wirklich verdient.

Tageskilometer: 34,60 km

Gesamtdistanz ab Hamburg: 2039,86 km

Wetter: erneut 14 bis 24 °C, bis zwei kurze Nieselphasen trocken, heiter bis wolkig

Mitpilger: in Le Châtenet-en-Dognon einen neuen, unbekannten Pilger und in Saint-Léonard-de-Noblat Dirk, somit nun 22

Erkenntnis des Tages: Die heutige Tagesetappe ist erwartungsgemäß die schwerste auf dieser Reise. Aber wir bringen sie gut und rechtzeitig ins Tagesziel.

Abendessen auf der Terrasse unseres Zimmers

22. SEPTEMBER 2024
SAINT-LÉONARD-DE-NOBLAT
NACH LIMOGES

Als wir heute früh ab 8:00 Uhr bei Solénge und Jonathan, unseren Gastgebern, frühstücken, geht Bas an unserem Fenster vorbei. Wir grüßen einander durch die Scheibe ein vermutlich letztes Mal. Als ich dann meine Sachen gepackt habe und ich mich um 9:20 Uhr nochmals auf den Weg bergauf zurück in den historischen Ortskern von **Saint-Léonard-de-Noblat** mache, begegnet mir schon nach rund 150 Metern Dirk.

Auch von ihm verabschiede ich mich und wünsche ihm einen weiterhin guten Weg bis nach Santiago. Außerdem erzähle ich ihm, wo wir übernachtet haben und dass Christine noch im Frühstücksraum sitzt. Und so kommt es, dass er bei ihr anklopft und auf eine Tasse Kaffee und einen längeren Klönschnack hängen bleibt. Dabei erzählt er ihr, dass er derzeit ein Sabbatical nimmt und nur dadurch die Zeit zum Pilgern hat.

Auch Solénge und Christine klönen ausgiebig. Die beiden jungen Leute haben das Haus vor drei Jahren gekauft und bauen nun jedes Jahr ein bis zwei Zimmer adäquat aus. 2022 war für sie ein wirtschaftlich sehr gutes Jahr, 2023 gerade kostendeckend, 2024 leider nicht, weil zu mau. 2024 kamen fast nur ausländische Gäste, meist Pilger wie wir. Die beiden haben eine zweijährige Tochter (die derzeit bei den Großeltern ist) und haben letztes Jahr geheiratet. Aktuell bauen sie sich gerade mit Catering für Familienfeiern ein zweites Standbein auf.

Mein 1 ½ Kilometer langer Weg bergauf in die Altstadt und zur Kirche fühlt sich ohne den schweren Rucksack ein wenig ungewohnt an. Die Landschaft ist noch weitgehend in Nebel bzw. Regenschwaden gehüllt, wobei der Kirchturm eindrucksvoll herausragt. Immerhin stoppt gerade der bisherige Regen.

Die **Stiftskirche Saint-Léonard-de-Noblat** aus dem 11./12. Jahrhundert, seit 1998 als Teil des Weltkulturerbes der UNESCO „Wege der Jakobspilger in Frankreich", ist ein zentrales Werk der Romanik im Limousin. Sie ist jetzt geöffnet und hat sogar einen eigenen Pilgerstempel für uns. Während ich sie besichtige, proben drei Musiker für den anstehenden Gottesdienst. Die Melodien sind feierlich, zugleich aber auch folkloristisch heiter und hell. Sie ergeben eine wundervolle Atmosphäre und Einstimmung in meinen Tag.

Der Turm der Stiftskirche Saint-Léonard-de-Noblat ragt aus dem Dunst heraus.

Portal des alten Hospitals in Saint-Léonard-de-Noblat

Stiftskirche Saint-Léonard-de-Noblat

Stiftskirche Saint-Léonard-de-Noblat

Ich finde auch die geöffnete Boulangerie, die uns Solénge empfohlen hat, mache noch eine kleine Runde durch den Kern der denkmalgeschützten Altstadt und gehe zurück zum Quartier, wobei ich diesmal über die alte **Pont de Noblat**, eine wunderschöne mittelalterliche

Brücke, gehe. Als ich kurz vor halb elf im Hotelzimmer eintreffe, ist Christine sehr überrascht. So früh hat sie mich gar nicht erwartet.

Pont de Noblat

Wir haben um elf Uhr kaum das Hotel verlassen, als es prompt wieder zu regnen beginnt, so dass wir noch vor der Hoteltür umgehend unsere Regensachen – Ponchos für uns Menschen und den gelben Regenmantel für Kito – anlegen.

Nach 400 Metern biegt der Pilgerweg nach links in die ansteigende D65 ab und weitere 100 Meter später dann nach rechts in einen steil ansteigenden, steinigen Waldweg. Den sichte ich kurz, rate jedoch davon ab, ihn bei Regen mit dem Pilgerwagen zu gehen. Stattdessen bleiben wir auf der D65, die in Serpentinen ansteigt. Diese Route ist zwar weniger hübsch und auch 400 Meter länger als die „Originalroute", aber sie ist sicherer, vor allem für Christine mit dem Pilgerwagen, und bringt uns ebenfalls nach **Chigot** und **La Chapelle**, ab wo wir dann wieder auf dem markierten Pilgerweg sind.

Es regnet sich so richtig ein, wobei Kito und ich zunehmend frieren. Ich habe nämlich unter dem Folienponcho nur das gestern bereits getragene, aber davor frisch gewaschene T-Shirt an, und für diese dünne Kleidung ist der Regen definitiv zu kalt. Die Lufttemperatur ist mit anfangs 16 °C, später 19 °C gar nicht so schlecht.

In **Aureil** (1019 Einwohner, okzitanisch *Aurèlh*) machen wir eine kurze Pause in der **Kirche Saint-Jean-l'Evangéliste**. Sie ist jetzt Pfarrkirche, war aber früher ein Priorat der Regularkanoniker. Wir finden Dirks Eintrag im Gästebuch. Er hatte hier Schutz vor dem Regen gefunden. Wir kommen, nachdem der Regen gerade aufgehört hat, und nutzen die Kirche zur geschützten Rast und ich, um meine gelbe Windstopper-Jacke zwischen T-Shirt und Folienponcho anzuziehen. Mit Jacke ist es nun wieder angenehm.

schöne Wegmarkierung

Auch im restlichen Streckenabschnitt wechseln sich immer wieder trockene und Regenphasen ab. Eigentlich ist die Landschaft schön, aber bei diesem Wetter kommt diese Schönheit nicht wirklich zum Zuge.

In **Feytiat** (6080 Einwohner, okzitanisch *Festiac*) besichtigen wir die romanische **Pfarrkirche Saint-Léger, Saint-Clair** mit Ursprüngen aus dem 12. Jahrhundert, die nach der Revolution und im 20. Jahrhundert verändert wurde. Das **Château du Mas Cerise** aus dem 18. Jahrhundert liegt ebenfalls genau an unserem Pilgerweg. Es hat einen öffentlich zugänglichen kleinen Park und dient heutzutage als Rathaus. Auch die Polizei ist hier untergebracht.

Der Übergang von einem Vorort zum nächsten und zur Stadt Limoges ist fließend. Der Blick zur Kathedrale ist zwar auch aus der Ferne schön, aber der Gras-Pfad direkt am Rand der vielbefahrenen D979 ist es weniger. So sind wir froh, als unser Pilgerweg endlich von der Schnellstraße nach rechts abweicht und nach einiger Zeit als Grasweg bzw. Waldweg ins Tal hinunterführt. Der nachfolgende Anstieg ist moderat und tangiert uns nicht wirklich, sehr wohl aber der plötzliche heftige Starkregenschauer, vor dem wir uns durch Unterstellen dicht an einem großen Wohnhaus schützen. Nach knapp vier Minuten ist der Spuk bereits wieder vorbei und konstatiert Christine: „Es ist wieder trocken." Die uns entgegenfließenden Wassermassen auf der Straße sprechen eine andere Sprache.

Nachdem wir an einer Kreuzung Probleme mit der Wegfindung hatten, weisen uns ab der folgenden Kreuzung bronzene Jakobsmuscheln auf dem Gehweg den weiteren Streckenverlauf. Wir gehen hinunter zum Ufer der **Venant** und folgen dem Uferweg bis zur historischen **Pont Saint-Étienne** (St. Stephanus-Brücke). Sie ist eines der ältesten Gebäude überhaupt auf der gesamten Via Lemovicensis von Vézelay nach Saint-Jean-Pied-de-Port.

Limoges, Blick über den Fluss zur Kathedrale Saint-Étienne

Der Anstieg am gegenüberliegenden Ufer führt uns – zum Teil auf ganz altem Pflaster – hinaus zur **Kathedrale Saint-Étienne**. Sie ist auch um 18:20 Uhr noch geöffnet, so dass wir sie in Ruhe besichtigen können.

In einer der Seitenkapellen findet ein Gottesdienst mit wunderschönem Choralgesang statt. Mich beeindrucken neben der Größe und Eleganz des Kirchenschiffs selbst die prächtig dekorierten und ausgemalten Seitenkapellen im Bereich des Chors. Sie wurden in der Zeit um 1287-1327 erbaut, wobei die Wandmalereien im 14. Jahrhundert entstanden.

Der älteste Teil dieser dem Märtyrer Stephanus geweihten Kirche stammt aus dem 11. Jahrhundert, wobei die Hauptbauphase vom Ende des 13. Jahrhunderts bis Ende des 19. Jahrhunderts dauerte. In der Kirche sind neben den Wandmalereien Bleiglasfenster aus dem 14., 15. und 16. Jahrhundert, prächtige Grabmäler und ein Lettner aus der Renaissance erhalten.

Kathedrale Saint-Étienne

Von der Kathedrale gehen wir nun direkt in Richtung unseres Quartiers, das wir um 18:40 Uhr erreichen. Mit einem vierstelligen Code, den Christine auf ihr Smartphone bekam, können wir das Zugangstor öffnen. Unser Appartement ist ebenerdig und unverschlossen. Der Türschlüssel steckt von innen in der Eingangstür. Im Erdgeschoss gibt es eine ausreichend große Wohnküche und das WC, im Obergeschoss das Schlafzimmer mit Doppelbett und einem Schreibtisch mit Schreibtischlampe und das Bad mit Dusche und Waschbecken. Beide Räume haben jeweils einen Heizkörper.

Christine zieht rasch nochmals los und holt bei einem Pizza Hut Laden zwei große Pizzen, die wir mit Heißhunger essen. Auch Kito bekommt natürlich seinen Anteil ab. Dazu gibt es grünen Tee, Orangina-Limonade und Roséwein. Pilgern ist ja so asketisch!

Außerdem planen wir nun endlich unsere Rückreise: Dabei wollen wir mit der Bahn (SNCF) – möglichst mit einer Direktverbindung, also ohne Umsteigen – von Limoges nach Paris und Sartrouville zu unserem Auto fahren und dann je nach Uhrzeit noch ein paar Kilometer bzw. Stunden in Richtung Heimat düsen. Dabei sehen wir uns jedoch mit dem Problem konfrontiert, dass alle Direktverbindungen vor 17:02 Uhr ab Limoges bereits ausgebucht sind! Wir checken diverse Alternativideen (einschließlich eines weiteren Tages hier), bevor wir unsere Tickets für den 17:02-Uhr-Intercity buchen. Für uns kosten sie jeweils 54 €, für Kito nur 7 €.

Später am Abend ziehen wir nach oben um, duschen und lassen diesen letzten Abend ruhig ausklingen. Christine geht nach diesem nasskalten, anstrengenden Tag „früh" (richtig früh ist es nach Pizza und Heimfahrt-Planung nicht mehr) schlafen, während ich noch bis 0:50 Uhr am Laptop sitze, dann aber zu müde für den restlichen Teil des Tagesberichts bin und auch schlafen gehe. Kito kuschelt sich sofort wie immer in meine Kniekehlen, und wir schlafen rasch ein und tief durch.

Tageskilometer: 27,60 km

Gesamtdistanz ab Hamburg: 2067,46 km

Wetter: 14 bis 19 °C, mehrere langanhaltende Regenphasen mit lästigem Wind, alles in allem nass-kalt

Mitpilger: erneut Bas und Dirk, also weiterhin 22

Erkenntnis des Tages: Die Stiftskirche Saint-Léonard-de-Noblat und die Kathedrale Saint-Étienne in Limoges sind unsere heutigen Highlights. Die an sich schöne Tagesstrecke dagegen kam im Regenwetter nicht zur Geltung.

23. SEPTEMBER 2024
SCHLUSSTAG IN LIMOGES
& HEIMFAHRT BIS PARIS

Heute dürfen wir etwas länger schlafen und stehen daher erst gegen Viertel nach acht auf. Während Christine Kito bei seiner Frührunde begleitet, packe ich und bereite das Frühstück vor. Es gibt zwei letzte aufgewärmte Pizza-Stücke, die Christine gestern Abend übriggelassen hatte, und dazu Kaffee und „frisches" Weißbrot von gestern. Um Punkt zehn verlassen wir unser Quartier.

Wir bummeln ein wenig durch die umliegenden Straßen, wobei wir uns peu à peu in Richtung Office de Tourisme vorarbeiten. Dort bekommen wir auch den letzten noch fehlenden Pilgerstempel dieser Reise. Und weil die Welt bekanntlich klein ist, treffen wir dort prompt Bas, der aus demselben Grund hierhergekommen ist. Er wird heute Nachmittag mit dem FlixBus nach Arnhem heimreisen.

Cour du Temple

Nach der **Kirche Saint-Pierre-des-Queyroix** (13.-16. Jahrhundert) entdecken bzw. besichtigen wir die Rue du Consulat und den **Cour du Temple**, einen schönen Hinterhof, zu dessen altem Gebäudebestand auch das einstige US-amerikanischen Konsulat gehört. Limoges hatte nämlich aufgrund seiner bedeutenden Emaille- und Porzellanproduktion lange Zeit so gute Handelskontakte zu den USA, dass es hier tatsächlich ein US-Konsulat gab.

Saint Martial vor der Kirche Saint-Michel-des-Lions (14. Jahrhundert)

eindrucksvolles Kruzifix in der Kirche Saint-Michel-des-Lions (14. Jahrhundert)

Unser nächstes Ziel ist die **Kirche Saint-Michel-des-Lions** (14. Jahrhundert), deren namensgebende *zwei* Löwen am Kirchenportal sehr verwittert sind. Auch diese Kirche ist überaus prächtig und beeindruckend.

Grab Saint Martials in der Kirche Saint-Michel-des-Lions

Nach so viel Sightseeing benötigt Kito eine Pause.

Die **Halles centrales** (Markthallen) sind am heutigen Montag geschlossen, können also nur von außen betrachtet werden. Dafür finden wir – inzwischen ist es fast zwölf Uhr mittags – am Place Denis Dussoubs ein Straßencafé, in dem wir uns jeder drei Kugeln Eis und dazu eine Limo (Christine) bzw. einen Grand Café (ich) gönnen. Letzterer ist alles andere als „grand", aber das ist halt so.

Über diverse kleine Sträßchen tigern (bzw. „pinschern") wir nun zur Kathedrale Saint-Étienne, aus der bei unserer Ankunft gerade Dirk herauskommt! Er legt hier und heute einen Ruhetag ein, hat gerade „nebenan" ein Museum besichtigt, das ihm sehr zusagte.

Ich gönne mir einen weiteren Rundgang durch die Kathedrale, deren prächtig ausgemalte Kapellen im Chor mich wirklich faszinieren. Anschließend schlendern wir durch den Botanischen Garten, von dem sich jedoch leider kein Blick hinab zur Pont Saint-Étienne ergibt. Also steigen Kito und ich über Treppen die alte Stadtbefestigung der historischen Cité hinab bis zur Pont Neuf, von der aus ich endlich die **Pont Saint-Étienne** fotografieren kann.

Pont Saint-Étienne, eines der ältesten Bauwerke der gesamten Via Lemovicensis

Wir überlegen noch, hier irgendwo auf eine Kleinigkeit zu Mittag einzukehren, finden aber nichts, was unserem Sinn entspricht. Dirk, den wir noch ein zweites Mal treffen, hat sich inzwischen für die folgenden

Regentage einen kompakten Regenschirm gekauft. „Kaufen" ist jetzt auch unser Stichwort: Wir kaufen in einem Supermarkt das „Allernötigste" ein – also Brot, Limonade, Camembert, Schinken, Hundekaustangen und „Les Schtroumpfes" (Haribo-Schlümpfe) und picknicken kurzentschlossen im Park **Champ de Juillet**.

Von hier bis zum Bahnhof **Gare de Limoges-Bénédictins** ist es nur noch ein Pinschersprung. Wir haben zwar noch gut zwei Stunden Zeit bis zur Abfahrt unseres Zuges, aber da es gerade – wie eigentlich für den ganzen Tag vorhergesagt – zu regnen beginnt, sitzen wir dann doch lieber im Warmen und Trockenen. Wir finden einen angenehmen Warteraum, der sogar Steckdosen bietet, die wir beide gerne nutzen. So wird mein gestriger Tagesbericht endlich fertig und der heutige schon mal begonnen. Christine versucht noch einmal, mit Kito eine seiner Geschäftsrunden zu gehen, aber da regnet es gerade besonders heftig. Knapp eine halbe Stunde vor Zugabfahrt hat der Regen zwar aufgehört, aber zu mehr als einer kleinen Pullerrunde lässt sich der Pinscher nicht motivieren.

Der Zug ist pünktlich, und wir finden auch Wagen 6, steigen aber am anderen Ende ein und müssen uns dementsprechend zu unseren reservierten Fensterplätzen 26 und 27 fast durch den ganzen Wagen durcharbeiten. Kito, der nun wie vorgeschrieben „Schnutenpulli" (Maulkorb) trägt, und mir fällt das nicht schwer. Christine muss da mit ihrem Gepäck und dem Pilgerwagen erheblich mehr kämpfen. Sie will sich dabei aber nicht helfen lassen. Schließlich ist sie ja ein „großes Mädchen". Auf den Plätzen 26 und 27, die einander gegenüber sind, sitzen natürlich andere Fahrgäste, die etwas widerwillig Platz machen.

Kito nimmt sogleich den Fußboden zwischen Platz 26 und 27 in Besitz und ist dort während der Fahrt auch friedlich und zufrieden. Und nach gut einer Viertelstunde hat Christine ihren Rucksack auch hier und den Pilgerwagen (samt Tasche mit Zelt und Schlafsack) in der Nähe per Spiralkabel angeschlossen. Die Fahrt verläuft unspektakulär. Kito schläft. Ich schreibe weiter an meinem Tagestext. Der Camembert in unserem Bestand müffelt vor sich hin. Also ist alles wie üblich.

Rund zwanzig Minuten vor der planmäßigen Ankunft unseres Zugs in Paris Austerlitz um 20:59 Uhr packen wir zusammen (der Laptop samt Zubehör muss in den Rucksack) und machen uns bereit. Um 21:03 Uhr rollt unser Zug in den Bahnhof ein. Der knapp einen Kilometer kurze Fußweg zum Gare de Lyon über die Seine und die Pont Charles de Gaule tut gut. Kito nutzt ihn zugleich, um eine ganze Reihe von Nachrichten zu hinterlassen. Im Gare de Lyon müssen wir dann einige Zeit suchen, bis wir den Bereich gefunden haben, wo die Metro-Züge der Linie A nach Sartrouville abfahren. Dann stehen wir gefühlte 30 Minuten vor dem Ticketschalter an. Vor uns ist nur eine Frau, die aber rund 30 Einzeltickets – immer in Fünferpacks – kauft und bezahlt. Da der Mann am Schalter nicht von der schnellen Sorte ist, zieht sich das ewig hin.

Zum Glück schaffen wir es jedoch rechtzeitig, unsere Tickets zu bekommen, um noch den Zug kurz nach 22:30 Uhr zu erreichen. Als wir nach sieben Stationen Sartrouville erreicht haben und das Auto aus dem Parkhaus holen, verlangt der Automat an der Schranke zunächst eine Nachzahlung in Höhe von 374 Euro. Da wenden wir uns per Knopfdruck an die Zentrale, die nach Angabe unseres Kennzeichens die Ausfahrt-Schranke manuell öffnet. Gegen Mitternacht haben wir **Pierrelaye** erreicht, wo Christine uns von unterwegs ein Zimmer im *ibis budget Cergy Pierrelaye* gebucht hat. Der Parkplatz am Hotel kostet zur Abwechslung diesmal nichts, der Hund dagegen 10 €. Das Zimmer ist klein, aber absolut okay. Und nach einem kleinen Nachtimbiss aus unserem Vorrat sind wir rasch im Bett.

Tageskilometer: ca. 7,5 km (Stadtbesichtigung)

Gesamtdistanz ab Hamburg: 2075 km

Wetter: 11 bis 17 °C, bis 15 Uhr trocken, danach nicht mehr

Mitpilger: wieder einmal Bas und Dirk, also auch zum Abschluss insgesamt 22 seit Sermizelles-Vézelay

Erkenntnis des Tages: Zu viel Spontaneität beim Planen der Heimreise sollte es denn doch nicht sein. Aber es fügt sich wieder einmal alles zum Guten. Und Dirk und Bas bleiben uns bis zum letzten Tag als Mitpilger erhalten.

24. SEPTEMBER 2024
HEIMFAHRT VON PARIS
NACH HAUSE

Der zweite Teil unserer Heimreise beginnt in **Pierrelaye** mit Ausschlafen: Wir stehen erst gegen neun Uhr auf und sind dennoch – weil ohne Frühstück – um zehn vor zehn abfahrbereit. Da uns unser ibis budget Hotel-Frühstück für je 7,50 € nicht zusagt und der McDonald gegenüber erst um zehn Uhr öffnet, vertrödeln wir die Zeit mit einer zusätzlichen Angebotsrunde für Kito und gönnen uns dann für je 3,50 € ein kleines McDonald-Frühstück.

Um 10:30 Uhr fahren wir los. Läden zum Einkaufen französischer Lebensmittel finden wir in Pierrelaye vor der Autobahn und auch in Valenciennes vor der französisch-belgischen Grenze keine. So machen wir nur an einer belgischen Raststätte sowie in Schwerte je eine Tank- und Burger-/Kaffeepause und fahren ansonsten – mit Fahrerwechsel bei diesen Pausen – in einem Rutsch nach Hamburg durch.

Da uns lediglich der Baustellen-bedingte Stau an der Leverkusener Rheinbrücke 30 Minuten kostet, schaffen wir die gesamte Strecke – ohne Stress oder Hektik – in knapp unter zwölf Stunden und kommen um 22:20 Uhr zu Hause in Sasel ein.

Es war eine extrem eindrucksvolle und super-schöne Reise, die wir jetzt erst einmal in Ruhe nachverarbeiten müssen...

RESÜMEE

Diese Pilgerreise von Vézelay nach Limoges war hochintensiv, eindrucksvoll und immer wieder aufs Neue spannend und überraschend.

Alleine die Art und Ausstattung unserer Quartiere bot jede Menge Abwechslung und teils auch Neuland für uns – angefangen von einer „klassischen" Pilgerherberge mit Volunteers (L'Esprit du Chemin) über einen Camping-Wohnwagen (Chaumot), eine private Herberge, bei der wir nicht einmal die Besitzer trafen (Nevers), zwei Gites comunales (Saint-Parize-le-Châtel und Le Veurdre), in denen wir die einzigen Gäste waren, dem Safari-Zelt vor Valigny, dem Reiterhof aus dem 19. Jahrhundert in Gâteau (Saint-Pierre-les-Étieux), der einfachen Campingkabine in Saint-Amand-Montrond, dem einstigen Kuhstall bei Carla und Jan (Le Maury), dem Herrenhaus-Seitenflügel des Château de Sarzay, dem Pipowagen bei Ruud in Labalade, dem Privathaus von Petra und Eric in Châtelus-le-Marcheix und den diversen über booking.com arrangierten Quartieren.

Neu für uns war auch die Option, in unseren Unterkünften das Abendessen inklusive oder separat dazu zu buchen. Da dieses Abendessen mit seinen drei oder gar vier Gängen immer mindestens 90 Minuten dauerte, lernten wir etwas von der genussvollen französischen Esskultur kennen mit jeder Menge leckeren und interessanten Gerichten. Dazu gab es zudem schöne Gespräche und Erlebnisse. Und preiswerter hätten wir sonst nirgendwo zu Abend essen können.

Erstmals haben wir beim Pilgern mit Hund kaum vorgebucht. In aller Regel haben wir nur die nächste oder die nächsten beiden Quartiere im Vorfeld gesichert. Auf der Etappe nach Préméry haben wir unser Hotel sogar erst zwei Stunden vor Ankunft telefonisch gebucht. Darauf hätte ich mich früher niemals eingelassen. Aber hier hat es funktioniert.

Schön waren auch die Kontakte zu unseren Mitpilgern, von denen wir einige immer wieder trafen, weil wir zwar in unterschiedlichem Gehtempo und unterschiedlichem Rhythmus unterwegs waren, aber im Endeffekt mit ähnlichen Tagesdistanzen.

Am Anfang waren dies Christian „sans chien", François und Sophie, später dann Uta, Dirk, Hans & Anton und Bas. Mit Uta übernachteten wir auch mehrmals gemeinsam.

Sprachlich kamen wir wie 2023 einigermaßen zurecht. Wenn es mit Französisch nicht mehr weiterging, passte im Zweifelsfall Englisch. Und da immerhin fünf unserer Unterkünfte in niederländischer Hand waren, konnten wir dort auch problemlos Deutsch sprechen.

Die Landschaften, die wir durchwanderten, waren sehr schön. Besonders der erste Abschnitt ab Vézelay und zuletzt das Limousin gefielen uns ausnehmend.

Von der Streckenbeschaffenheit her hatten wir die bislang größte Variabilität: Purer Fels, alte, geröllige Römerstraßen, Graswege, Feldwege, Waldwege jeglicher Breite bis zum schmalen Single Trail, steile Ab- und Aufstiege, kleine, mittlere und größere Straßen (alle ohne Geh-/Radwege) mit ganz wenig bis recht viel Verkehr wechselten einander ab, wobei der Asphaltanteil – für uns unerwartet – insgesamt groß war.

Christines Entscheidung, bei dieser Pilgertour auf den bislang treuen und bewährten Fahrrad-Buggy zu verzichten und stattdessen auf einen Pilgerwagen zu setzen, erschien mir im Vorfeld nicht nachvollziehbar. Aber sie hatte voll und ganz Recht! Viele kleinere Abschnitte und auch schmale Brücken waren schon mit dem (schmaleren) Pilgerwagen kaum oder nur sehr schwer zu meistern. Mit dem Buggy und seinem breiteren Radstand wären sie gar nicht machbar gewesen, was bedeutet hätte, dass wir öfters auf Straßenumwege hätten ausweichen müssen. Auch in puncto Robustheit konnte der BENPACKER absolut überzeugen.

Last not least: Das Preisniveau in Frankreich ist weiterhin eindeutig höher als das bei uns in Deutschland. Dies betrifft sowohl die Unterkünfte als auch die Restaurants und die Lebensmittel im Laden. Dabei muss ich allerdings einräumen, dass wir ohne Kito sehr viel öfter äußerst preiswert in kommunalen Pilgerherbergen hätten übernachten können, was mit Kito nur zweimal gelang, als wir jeweils solche Herbergen ganz für uns hatten. War jedoch bereits ein weiterer Pilger vorangemeldet, bekamen wir stets Absagen.

Dank der sieben Abendessen in unseren Unterkünften reduzierte sich unser Lebensmitteleinkauf deutlich. In aller Regel kauften wir nur Brot, Teilchen, Wurst und Camembert ein, dazu ab und zu Limonade und Wein.

Auf jeden Fall war es erneut eine wunderschöne Reise mit vielen Erlebnissen und bleibenden Erinnerungen, die jeden Schritt, jede Anstrengung und jeden Euro wert waren.

UNTERWEGS GETROFFENE MITPILGER

1-4 – 31.8.2024 – zwei unbekannte Paare, die mit uns in Sermizelles-Vézelay aus dem Zug steigen

5 & 6 – 31.8.2024 – **Christian & François**, aus dem Großraum Paris, die ebenfalls mit uns aus dem Zug steigen; wir sehen sie später im Anstieg nach Vézelay bei Les Cordelliers und treffen sie abends in der Auberge de Jeunesse in Vézelay, wo sie das „Studio" neben uns bewohnen. Am Abend des 1.9. treffen wir uns erneut, diesmal in der Herberge L'Esprit du Chemin, wo wir auch ihre Namen erfahren. Am Morgen des 2.9. verabschieden wir uns nach dem Frühstück von ihnen, um sie wenige Kilometer später wieder zu treffen und bis Corbigny mit ihnen gemeinsam zu gehen. In Nevers werden sie einen Tag nach uns in derselben privaten Pilgerunterkunft (PU) erwartet.

7 – 1.9.2024 – **Sophie** (Perrot) aus der Gegend von Valigny; sie übernachtet ebenfalls mit uns im L'Esprit du Chemin und ist bis Corbigny mit Christian und François unterwegs. In ihrer Herberge übernachten wir am 9./10.9., wobei wir dort von ihrem Partner Patrick und Louise, einer Freundin, sehr nett umsorgt werden, während sie selbst erst einen Tag nach uns dort eintrifft.

8 – 2.9.2024 – **Mario**, ein kanadischer Pilger aus Montreal, den wir vor der Herberge in Saint-Révérien treffen.

9 & 10 – 2./3.9.2024 – zwei Pilgerinnen, die im selben Hotel wie wir in Préméry übernachten und eine Nacht später in der PU in Guérigny.

11 – 4.9.2023 – eine unbekannte Pilgerin, die uns auf dem Weg aus Guérigny überholt, mit den beiden vorgenannten dort gemeinsam in der PU übernachtet hat.

12 – 9.9.2024 – **Roberto**, ein italienischer Pilger, den wir in Lurcy-Lévis erstmals treffen und dann am 10.9. erneut in Bardais und in Ainay-le-Château. In der Pilgerherberge Bouzais, die wir am 12.9. mittags erreichen hat er in der Nacht zuvor als einziger Gast übernachtet.

13 – 9./10.9.2024 – ein zunächst unbekannter Pilger, der abends in der PU Le Refuge de Sophie vor Valigny ankommt und frühmorgens

wieder verschwindet. Am 19.9. treffen wir ihn vier Kilometer vor Bé-névent-l'Abbaye wieder und gehen mit ihm ein Stück gemeinsam. Er heißt **Bas** und kommt aus Epe in den Niederlanden. Auch er ist von Zu-hause aus unterwegs und geht wie wir diesmal von Vézelay nach Limoges. Wir treffen ihn danach noch mehrfach, zuletzt im Office de Tourisme in Limoges, von wo er am Nachmittag per FlixBus heimreist.

14 – 10./11.9.2024 – **Geoffrey**, ein französischer Pilger, der gut Englisch spricht und an diesem Abend bei Madame Deuquet unser Dolmetscher ist.

15: 12.9.2024 – **Anna** aus Maastricht, Fahrradpilgerin, unterwegs von Zuhause nach Santiago de Compostela, hinter Bouzais. Sie ist im Vorjahr bereits von Zuhause über die Via Turonensis nach Santiago geradelt.

16: 12./13.9.2024 – **Uta** aus Berlin, die gerade aus Mannheim gekommen ist und hier ihren Weg von Zuhause weitergeht und in derselben PU in Le Châtelet-en Berry übernachtet. Wir treffen sie eine Nacht später in der PU bei Carla und Jan in Le Maury wieder und verabreden eine gemeinsame Übernachtung in der von ihr bereits gebuchten Unterkunft in Hailé vom 15./16.9.; sie ist Journalistin und pilgert seit drei Jahren. Am 16.9. gehen wir ein kurzes Stück mit ihr bis Gargilesse, und am 17./18.9. übernachten wir gemeinsam in Saint-Germain-Beaupré. Danach ist sie uns immer ein kleines Stück voraus.

17: 16.9.2024 – **Marguerite**, eine Französin, treffen wir nur kurz in Gargilesse; sie übernachtet am selben Abend gemeinsam mit Uta in der Gite municipal in Éguzon-Chantôme. Hinter La Souterraine sehen wir sie wieder und an diesem Tag bis Bénévent-l'Abbaye noch zweimal. Am 20.9. erfahren wir, dass sie wegen der angesagten Regenfront zwei Tage vor Limoges unterbrochen hat und heimgefahren ist.

18: 17.9.2024 – **Dirk** aus Herford schließt im Anstieg nach der Bach-überquerung der Clavière nach La Feyte zu uns auf und begleitet uns bis La Feyte; später treffen wir ihn in Crozant nochmals. Er ist am 13.7. (!) zu Hause gestartet, also bereits mehr als zwei Monate unterwegs und will die Strecke bis Santiago in einem Stück gehen. Am 17.9. übernachtet er in La Chapelle Balouie, am 18.9. dann wie wir in La Souterraine. Am 19.9. sehen wir ihn zwischen La Souterraine und Marsac mehrfach, ebenso am 20.9. kurz vor Châtelus-le-Marcheix und am 21.9. in Saint-

Léonard-de-Noblat. Am 22.9. trinkt er in unserem Quartier morgens Kaffee mit Christine, und am 23.9., unserem letzten Tag, treffen wir ihn gleich zweimal in Limoges.

19 & 20: 18.9.2024 – **Hans & Anton**, zwei Niederländer, sehen wir zunächst nur dreimal kurz in Saint-Agnant-de-Versillat. Am 19.9. sehen wir sie zwischen La Souterraine und Marsac mehrfach und treffen sie dann abends in unserer gemeinsamen Unterkunft Labalade, wo Hans seinen 60. Geburtstag feiert. Anton erzählt uns, dass er diesen Weg bereits 2011 mit seiner Frau von Breda nach Santiago de Compostela gegangen ist. Jetzt sind die beiden Männer seit Mitte August von Breda aus unterwegs.

21: 18.9.2024 – **Evrard**, ein junger belgischer Pilger, taucht kurz nach Hans und Anton in Saint-Agnant-de-Versillat auf. Er hat die beiden Niederländer und auch Dirk bereits getroffen. Evrard macht neben der Kirche Rast, als wir gerade dort aufbrechen wollen. Wie Marguerite bricht auch wegen der angesagten Regenfront zwei Tage vor Limoges ab und fährt heim.

22: 21.9.2024 – ein unbekannter junger Pilger in Badelatschen und mit Riesenrucksack, der uns während unserer Rast in Le Châtenet-en-Dognon passiert. Wie Dirk Christine berichtete, ist er wohl Franzose.

Herkunftsländer:
Frankreich: # 5-7, 14, 17, 22 = 6
Kanada: # 8
Italien: # 12
Niederlande: # 13, 15, 19-20 = 4
Deutschland: # 16, 18 = 2
Belgien: # 21
unbekannt: # 1-4, 9-11 = 7

UNSERE TAGESETAPPEN

Tag 1 – 01.09.2024 – Prolog von Sermizelles-Vézelay (Bahnhof) nach Vézelay – 14,35 km

Tag 2 – 02.09.2024 – Vézelay nach Anthien, Le Chemin – 25,90 km

Tag 3 – 03.09.2024 – Anthien, Le Chemin nach Chaumot – 16,02 km

Tag 4 – 04.09.2024 – Chaumot über Saint-Révérien nach Préméry – **32,21 km**

Tag 5 – 05.09.2024 – Préméry nach Guérigny – 20,62 km

Tag 6 – 06.09.2024 – Guérigny nach Nevers – 18,24 km

Tag 7 – 07.09.2024 – Nevers nach Saint-Parize-le-Chatel – 20,76 km

Tag 8 – 08.09.2024 – Saint-Parize-le-Chatel nach Le Veurdre – 20,90 km

Tag 9 – 09.09.2024 – Le Veurdre bis kurz vor Valigny – 23,43 km

Tag 10 – 10.09.2024 – kurz vor Valigny nach Gâteau (hinter Saint-Pierre-les-Étieux) – **32,32 km**

Tag 11 – 11.09.2024 – Gâteau nach Saint-Amand-Montrond / *halber Ruhetag* – 7,62 km

Tag 12– Saint-Amand-Montrond nach Le Châtelet-en Berry – 28,50 km

Tag 13 – 13.09.2024 – Le Châtelet-en Berry bis hinter Néret – 22,20 km

Tag 14 – 14.09.2024 – hinter Néret nach Sarzay – 25,60 km

Tag 15 – 15.09.2024 – Sarzay nach Hailé – 24,72 km

Tag 16 – 16.09.2024 – Hailé nach Éguzon-Chantôme – 23,86 km

Tag 17 – 17.09.2024 – Éguzon-Chantôme nach St. Germain Beaupré – 24,65 km

Tag 18 – 18.09.2024 – St. Germain Beaupré nach La Souterraine / *halber Ruhetag* – 12,33 km

Tag 19 – 19.09.2024 – La Souterraine nach Les Rivailles (hinter Marsac) – **31,23 km**

Tag 20 – 20.09.2024 – Les Rivailles nach Châtelus-le-Marcheix – 15,56 km

Tag 21 – 21.09.2024 – Châtelus-le-Marcheix nach Saint-Léonard-de-No-blat – **34,60 km**

Tag 22 – 22.09.2024 – Saint-Léonard-de-Noblat nach Limoges – 27,60 km

Tag 23 – 23.09.2024 – Limoges (Stadtbesichtigung) & Abreise – ca. 7,5 km

Kito schläft in jeder Unterkunft bestens.

UNSERE UNTERKÜNFTE

Tag 1 – 01.09.2024 – **Vézelay: Auberge de Jeunesse de Vézelay**, Route de l'Etang, Tel: +33 6 38 77 15 33, aubergecampingvezelay@gmail.com, http://www.camping-auberge-vezelay.com, Sprache: fr-en, Geöffnet: 1.4. bis 31.1. , Logis: Ü, Preise: Camping €14 PP/PN, **Studio** (separates 4-Bett-Zimmer mit eigenem Bad mit Dusche und WC, Küchennische mit 2-Platten-Herd, Wasserkocher), kein WLAN – **47 € für uns (davon 1 € Hundezuschlag)**

Tag 2 – 02.09.2024 – **Anthien, Le Chemin: L'Esprit-du-Chemin**, Arno Cuppen & Huberta Wiertsema, 13 Rue de la Voie Romaine, Tel: +33 3 86 22 02 85, Logis: **HP**, info@espritduchemin.org, https://www.esprit-duchemin.org, Tiere: Hunde an der Leine, Sprache: fr-en-de-nl, 14 Plätze, Reservierung empfohlen, gutes WLAN. Geöffnet: 1.4. bis 1.10., Preise: **Donativo (70 € von uns) – sehr empfehlenswert!**

Tag 3 – 03.09.2024 – **Chaumot: Camping de l'Ardan**, 58 Gare du Chaumot Chitry, Tel: +33 3 86 29 25 66 / +33 3 86 20 07 70, info@camping-bourgogne.com, https://www.camping-bourgogne.com, Tiere: Hund €1, Sprache: fr-en-nl-de, 260 m hinter der Brücke über den Canal de Nivernais, dann 60 m rechts auf die D130. **Übernachtung im Wohnwagen** (mit Kühlschrank, Wasserkocher, Kaffeemaschine, Bettwäsche), schwaches WLAN, Logis: Ü, Preise: €14,25 PP/PN, Frühstück €7,00, Lunchpaket €6,50. Restaurant. Geöffnet: 1.4. bis 1.10., 8.30-12.00 / 16.00-23.00. – **für uns im Wohnwagen 50 € plus 14 € Frühstück** (kein Hundezuschlag)

Tag 4 – 04.09.2024 – **Préméry: Le Resto des Copains**, 8 Route de Lurcy, Tel: +33 3 86 37 97 59 / +33 6 09 45 50 50, restodescopains@orange.fr, Logis: Ü, Pilgerunterkunft wohl im Mehrbettzimmer in 1. Etage, für uns 3-Bett-Zimmer unterm Dach, Bad mit Dusche und Handtüchern, kein WLAN – **48 € für uns** (kein Hundezuschlag)

Tag 5 – 05.09.2024 – **Guérigny: Hôtel Le Commerce**, 2 Grande Rue, Tel: +33 3 86 37 32 77, Logis: Ü, frühere Preise: €42 PP/PN / €52 P2P/PN. Jetzt nach Eigentümerwechsel im August 2024: ÜF €85,90 P2P/PN, kein Pilgertarif mehr! – **85,90 € für uns** (kein Hundezuschlag) – **nicht empfehlenswert! (schlechtes Preis-/Leistungs-Verhältnis)**

Tag 6 – 06.09.2024 – **Nevers: La Bonne Dame - Xavier & Martine Barnaud**, 21 Rue du Plateau de la Bonne Dame, Tel: +33 3 86 37 58 27 / +33 6 02 24 05 36, xavier.barnaud@sfr.fr, Sprache: fr-en, von Pilgerfreunden angebotene Pilgerunterkunft, ca. 1 km vom Stadtzentrum entfernt. Eigener Eingang, Küche mit Kühlschrank, Herd, Wasserkocher und Kaffeemaschine, Bad mit Dusche, Schlafraum mit 4 Einzelbetten (zu jedem Bett 3 Steckdosen), Lebensmittel-Angebot (Konserven, Nudeln, Saucen, Joghurt, Saft, Milch, Bier etc.) zu sehr günstigen Preisen, gutes WLAN. Geöffnet: ab 15.4., Logis: **Ü**, Preise: **Donativo (40 € von uns) – sehr empfehlenswert!**

Tag 7 – 07.09.2024 – **Saint-Parize-le-Chatel: Gîte communal des pèlerins**, 6 Place de l'Église, Tel: +33 6 80 12 32 13 (Marie France de Riberolles, stellvertretende Bürgermeisterin) , mfderiberolles@wanadoo.fr, Küche mit Herd, Kühlschrank, Wasserkocher und Kaffeemaschine, Bad mit Waschmaschine. Pilgerpass erforderlich. 7 Plätze in 2 Räumen. Geöffnet: 15.3. bis 30.10., Voranmeldung sowie Anruf bei Ankunft unter o.a. Tel.-Nr., kein WLAN, Logis: **Ü**, Preise: €14 PP/PN – **28 € für uns** (kein Hundezuschlag)

Tag 8 – 08.09.2024 – **Le Veurdre: Gîte communal des pèlerins**, 6 Rue des Orfèvres, Tel: +33 6 01 75 06 66 / +33 4 70 66 40 67, mairie.le.veurdre@wanadoo.fr, https://www.leveurdre.fr/index.php/en/tourisme-loisirs-culture/gites-et-chambres-d-hote, Reservierung erbeten. Pilgerpass erforderlich. 7 Plätze in 2 Räumen (1 DZ + Schlafsaal mit 5 B). Geöffnet: 1.3. bis 30.10., Ankunft ab 17.00 Uhr, kein WLAN, Logis: **Ü**, Preise: €14,30 PP/PN – **28,60 € für uns** (kein Hundezuschlag)

Tag 9 – 09.09.2024 – **vor Valigny: Le Refuge Pèlerin de Sophie**, 6 La Ville aux Châtaigniers, Tel: +33 9 63 65 40 72 / +33 6 64 04 68 39, lerefuge@mailo.com, https://www.lerefugedugrandchene.fr/, Tiere: Hund, Pferd, Esel, Sprache: fr-en, bei Bois Denis links abbiegen (Schild „Le Refuge"). **in Safari Lodge** mit zwei Einzelbetten und einem Doppelbett (mit Bettwäsche). Mit Liebe zubereitete, leckere Mahlzeiten (vegetarische und glutenfreie Optionen möglich). Schwimmen in einem herrlichen Teich. Anreise ab 14:00 Uhr, kein WLAN, Logis: **HP**, Preise: **Donativo (60 € von uns)** (kein Hundezuschlag) – **sehr empfehlenswert!**

Tag 10 – 10.09.2024 – **Gâteau (hinter Saint-Pierre-les-Étieux am Canal de Berry): Mme Deuquet** (Club Hippique du Gâteau, ehemalige Reitschule) , Gâteau, Tel: +33 7 87 96 15 74 / +33 6 19 24 14 80 , ecurie.deuquet@wanadoo.fr, https://www.ecurieremydeuquet.com, Tiere: Ja, Sprache: fr-en, Abendessen: €10 extra, kein WLAN, Logis: ÜF, Preise: €20 PP/PN – **mit HP 60 € für uns** (kein Hundezuschlag)

Tag 11 – 11.09.2024 –**Saint-Amand-Montrond: Camping du Berry**, Kabine (Cabin) = kleine Hütte mit hölzernem Rahmen und mit LKW-Planen bespannt, darinnen zwei Einzelbetten mit (Plastik-bezogenen) Matratzen und Kopfkissen, dazwischen ein Tischchen und eine kleine Lampe, offener Vorraum, kein WLAN – **28,50 € für uns (davon 0,50 € Hundezuschlag)**

Tag 12 – 12.09.2024 – **Le Châtelet-en Berry: Gîte Le Caliste - Daniel François**, 2 Rue Sainte-Laurette, Tel: +33 2 48 56 38 71 / +33 6 32 05 61 08, ddfa18170@orange.fr, Sprache: fr-it, 6 Plätze. Kühlschrank, Wasserkocher, Kaffeemaschine. Logis: Ü, Preise: €32 PP/PN, Frühstück € 7. Geöffnet: 15.3. bis 1.11., WLAN – **ÜF für uns 78 €** (kein Hundezuschlag)

Tag 13 – 13.09.2024 – **Le Maury (hinter Néret): Notre Village Papillon (Carla & Jan)**, 11 Le Maury, Tel: +33 6 77 91 28 30, carlajan14@gmail.com, https://www.facebook.com/janencarla14/?locale=nl_NL, Tiere: Hund (kostenlos), Pferd und Esel: €15, Sprache: fr-en-de-nl, Preis ist Pilgerpreis bei Vorlage des Credencials. Handtücher und Bettwäsche, WLAN. Reservierung empfohlen. Logis: **HP**, Preise: €50 PP/PN – **für uns HP 100 €** (kein Hundezuschlag)

Tag 14 – 14.09.2024 – **Sarzay: Château de Sarzay - M & Mme Richard & Françoise Hurbain**, Château de Sarzay, Tel: +33 2 54 31 32 25 / +33 6 72 20 57 40, sarzay@wanadoo.fr, https://sarzay.net/chambres-d-hotes, schönes Zimmer mit Heizung, Badezimmer mit Dusche; in der Eingangshalle zwei Esstische sowie Küchenecke mit Herd, Kühlschrank, Wasserkocher und Kaffeemaschine, gutes WLAN, Logis: **ÜF**, Preise: €70 PP/PN, €76 P2P/PN – **für uns 76 €** (kein Hundezuschlag)

Tag 15 – 15.09.2024 – **Hailé: Gite communal d'Hailé**, ehemalige Schule – ganzes Gebäude von Uta gebucht und mit uns geteilt, Heizung, kein WLAN, **Anteil für uns 40 €** (kein Hundezuschlag)

Tag 16 – 16.09.2024 – **Éguzon-Chantôme: Chez David et Sonia** – über booking.com, schöne Ferienwohnung mit Wohn-/Esszimmer mit Küche (Kühlschrank, Wasserkocher und Kaffeemaschine), Schlafzimmer mit Doppelbett, WC und Badezimmer mit Dusche, alle Räume mit Heizung, freie Nutzung des Gartens mit Sitzgruppe und kleinem Pool, WLAN – **für uns 75,48 € (davon 7 € für Kito)**

Tag 17 – 17.09.2024 – **St. Germain Beaupré: Mme Michèle Fernandez**, 5 Grande Rue, Tel: +33 6 30 19 60 25, Logis: ÜF, Preise: €25 PP/PN, Camping 15 € PP/PN, Abendessen 20 €. Waschmaschine (inkl. Waschmittel) 3 €, Trockner 3 €. Gemeinschaftsbad mit Dusche und WC, keine Heizung, WLAN. – **mit HP 90 € für uns** (kein Hundezuschlag)

Tag 18 – 18.09.2024 – **La Souterraine: Super Appartement**, 17 Rue Hte Saint-Michel, 23300 La Souterraine – über booking.com – Schlafzimmer mit Doppelbett, Bad mit Dusche und WC, Küche mit Herd, Mikrowelle, Wasserkocher und Kaffeemaschine, Terrasse, insgesamt 32 qm, WLAN – **für uns 52,36 € (davon 10 € für Kito)**

Tag 19 – 19.09.2024 – **Les Rivailles (hinter Marsac): La Balade - Ruud & Margon Revers**, Les Rivailles, Tel: +33 5 44 30 07 39 / +31 6 55 10 06 30, labalade23@gmail.com, https://www.labalade.nl, Tiere: Hund, Pferd, Esel, Sprache: fr-en-de-nl, Unterkunft nach Absprache im Haus oder im „Pipowagen". Geöffnet von 1/4 - 1/11. 2 km südlich Marsac, ohne relevanten Umweg zu Fuß über die D43 in Richtung Les Rivailles zu erreichen. Zurück zur Route über die D57. Logis: **HP**, Preise: €40 PP/PN, <u>Pipowagen + €5 PP/PN</u> – **für uns 90 €** (kein Hundezuschlag) – **sehr empfehlenswert!**

Tag 20 – 20.09.2024 – **Châtelus-le-Marcheix: Petra & Eric Kolkman**, 9 Rue des deux Ponts, Tel: +33 6 44 73 52 85 / +33 6 44 73 92 76, petra.erickolkman@gmail.com, Tiere: Soziale Hunde, Pferd (5 €), Esel (5 €). Sprache: fr-en-de-nl, Keine Küche, gutes WLAN, Reservierung 24 Stunden vorher erbeten, Anreise ab 15:00 Uhr, Abreise vor 9:30 Uhr, Logis: ÜF, Preise: €25 PP/PN, Mahlzeit 10 €. Lunchpaket 5 €, Pilger 15 % Rabatt auf den Gesamtpreis, sehr nette und herzliche niederländische Gastgeber mit zwei Hunden und einem Papagei – **mit HP für uns 60 €** (kein Hundezuschlag) – **sehr empfehlenswert!**

Tag 21 – 21.09.2024 – **Saint-Léonard-de-Noblat: Chambres d'hôtes Le Veilleur de Noblat,** 25 Avenue de Limoges, 87400 Saint-Léonard-de-

Noblat – über booking.com – kleines, aber hübsches Zimmer (11 qm) mit Doppelbett, Schreibtisch, Heizung, Bad mit Dusche, Zugang zur Terrasse, gutes Frühstück! Abendessen möglich, auch auf der „eigenen" Terrasse, gutes WLAN. – **als ÜF für uns 79,48 € (davon 7 € für Kito) – sehr nette, junge Gastgeber! empfehlenswert!**

Tag 22 – 22.09.2024 – **Limoges: Appart-Hôtel Limoges**; Appartement N°6; 2 Rue du Général Cerez, 87000 Limoges – über booking.com – 42 qm großes Appartement, im Erdgeschoss Wohnraum mit Sofa, Essbereich, Küche (mit Herd, Mikrowelle, Wasserkocher und Kaffeemaschine) sowie WC, im Obergeschoss Schlafzimmer mit Doppelbett, Schreibtisch, Badezimmer mit Dusche und Waschmaschine. WLAN. – **für uns 60,10 €**

Heimreise – 23.09.2024 – **Pierrelaye (bei Paris): ibis budget Cergy Pierrelaye**, Rn14 Za Porte Ouest, 95480 Pierrelaye – über booking.com – 11 qm kleines 3-Bett-Zimmer mit Doppelbett sowie kleinem Bad mit Dusche. TV, aber weder Wasserkocher noch sonst etwas. Trotzdem gutes Preis-/Leistungs-Verhältnis. – **für uns 56,70 €**

UNSERE AUSGABEN

ANREISE NACH SERMIZELLES-VÉZELAY & ABREISE AB LIMOGES

Benzinkosten Auto	170,00 €
Autobahnmaut	32,00 €
Bahnkosten Anreise Sartrouville > Sermizelles	93,00 €
Bahnkosten Rückreise Limoges > Sartrouville	119,30 €
Parkhaus Sartrouville	74,00 €
Übernachtungen (Leverkusen, Sartrouville, Pierrelaye)	176,90 €
plus Hundezuschläge	25,00 €
Verpflegung	89,90 €
Summe An- & Abreise	**785,10 €**

UNTERKÜNFTE

Übernachtungen ohne Verpflegung (10)	401,54 €
Übernachtungen mit Frühstück (5)	375,88 €
Übernachtungen mit Abendessen und Frühstück (7)	515,50 €
plus Hundezuschläge	25,50 €
Summe Übernachtungen	**1.318,42 €**

LEBENSMITTEL

Lebensmittel zur Selbstverpflegung	**282,01 €**

GASTRONOMIE

Verpflegungskosten Gastronomie (5)	**104,64 €**

SONSTIGES

Souvenirs (2 T-Shirts, 1 Seifenschälchen)	**52,00 €**

Gesamtsumme	**2.542,17 €**

ÜBER DEN AUTOR

Christian Hottas, Jahrgang 1956, lebt seit 1979 in Hamburg, wo er seit 1993 als Facharzt für Allgemeinmedizin mit den Zusatzschwerpunkten Sportmedizin, Chirotherapie und reisemedizinische Beratung niedergelassen ist. Während seiner Sportmedizin-Weiterbildung lief er im April 1987 in Hamburg seinen ersten Marathon und im Juli 1987 in Karlsruhe seinen ersten Ultramarathon.

Im August 2005 absolvierte er seinen 1000. Lauf über mindestens Marathondistanz, im Mai 2013 seinen 2000. und im Juni 2021 dann seinen 3000. derartigen Lauf. Seit August 2011 führt er die *„World Megamarathon Rankings"* (Weltrangliste der Marathon-Vielfach-Finisher) mit inzwischen großem Vorsprung an.

Zum Pilgern kam er erst im Herbst 2018, als er mit seiner heutigen Lebensgefährtin Christine Schroeder seinen ersten Jakobsweg, den *Camino Inglés*, ging.

Zunächst pandemiebedingt, konzentrierte sich sein Pilgerinteresse seit 2020 auf deutsche Pilgerwege, wobei ihn insbesondere weniger bekannte Strecken faszinieren. Seit Sommer 2021 ist auch Familienhund Kito (Pinscher-Mix, Jahrgang 2019) mit Begeisterung dabei.

Seither hat es für den Autor auch keinen Pilgertag ohne Kito gegeben. Kito ist Pilger durch und durch und Christians zuverlässiger Begleiter und Beschützer. So kompliziert Pilgern mit Hund anfangs schien, so sehr ist jetzt, da Kito und seine Menschen immer besser aufeinander eingespielt sind, Pilgern ohne Hund beinahe undenkbar.

Derzeit sind alle drei – Christian, Christine und Kito – als Jakobspilger von ihrem Zuhause in Hamburg nach Santiago de Compostela unterwegs. Bremen und Wildeshausen (Herbst 2021), Osnabrück, Münster, Herdecke (Frühjahr 2022), Köln und Trier (Herbst 2022), Metz, Toul und Vézelay (Herbst 2023) sowie Nevers und Limoges (Herbst 2024) haben sie bereits erreicht. 2025 werden alle drei noch in Frankreich unterwegs sein und dann durch Spanien pilgern.

Kito und Christian sind zudem noch <u>zu zweit</u> auf einer anderen Route von Hamburg nach Aachen unterwegs und haben dabei über Soltau, Mariensee, Loccum und Minden bis April 2024 Werl erreicht. Von hier soll es 2025 weitergehen.

Auf der VIA ROMEA GERMANICA, einem Pilgerweg von Stade nach Rom, der der Rückweg-Route einer Dienstreise des Stader Abtes Albert 1236/37 folgt, sind beide im Frühjahr und Frühsommer 2023 von Stade bis nach Nordhausen gegangen. Die Fortsetzung dieses Wegs ist für 2026 geplant.

WEITERE ERLEBNIS-/PILGERBERICHTE DES AUTORS

Camino Inglés – Schnupper-Pilgern von Ferrol nach Santiago de Compostela (Band 1, gegangen 2018, 120 Seiten, mit allgemeinen Pilgerinformationen sowie einem medizinischen Teil am Ende des Buches, 82 SW-Fotos, 18 Farbfotos, Erscheinungsdatum: 17.11.2023, Books on Demand, ISBN: 9 783758 308581, 10,99 € – als e-Book ISBN: 9 783758 396908, 5,49 €)

Der Camino Inglés von Ferrol nach Santiago de Compostela ist mit 119 Kilometern der kürzeste aller spanischen Jakobswege. Mit dieser überschaubaren Länge eignet er sich hervorragend zum Schnupper-Pilgern und zum Einstieg in die Jakobspilger-Szene. Und mit seinem Zielpunkt an der Kathedrale ist er gleichzeitig ein vollständiger spanischer Camino und berechtigt zur Erlangung der Pilgerurkunde (Compostela). In den letzten Jahren entwickelte sich der Camino Inglés daher von einem relativen Geheimtipp zu einem der - nach dem Camino Francés und dem Caminho Portugués - populärsten Pilgerwege.

Hümmlinger Pilgerweg – Von Stein zu Stein Pilgern im Emsland (Band 2, gegangen 2020, noch in Vorbereitung)

Sigwardsweg – Pilgern von Minden nach Idensen und zurück (Band 3, gegangen 2020, noch in Vorbereitung)

Mittelalterlicher Pilgerweg von Berlin nach Wilsnack – Pilgern mit Hund in Brandenburg (Band 4, gegangen 2021, 124 Seiten, 66 SW-Fotos, 25 Farbfotos, Erscheinungsdatum: 06.11.2023, Books on Demand, ISBN: 9 783758 308550, 10,99 € – als e-Book ISBN: 9 783758 381386, 5,49 €)

Das brandenburgische Wilsnack war von 1383 bis 1552 eines der wichtigsten christlichen Pilger- und Wallfahrtsziele. Nach der Verbrennung der sogenannten Wunderbluthostien 1552 durch den ersten evangelischen Pastor dort ebbte die Wilsnack-Fahrt dann rasch ab und gerieten Wilsnack und die Pilgerwege dorthin in Vergessenheit. Dank der Wegeforschung ab den 1980er Jahren ist der mittelalterliche Pilgerweg von Berlin nach Wilsnack seit 2006 wieder markiert und begehbar. Auch wenn er kein Jakobsweg ist, so ist er zweifelsfrei dennoch ein sehr empfehlenswerter Pilgerweg, den man gegangen sein sollte. Dieses Büchlein gibt unsere Erlebnisse und Eindrücke aus dem Juli 2021 wieder, als wir diesen wenig bekannten Weg, über den es sonst keine Pilgerberichte gibt, gemeinsam mit unserem neuen Familienzuwachs Kito gingen.

Annenpfad – Kurz-Pilgern in der Prignitz (Band 5, gegangen 2021 & 2022, 80 Seiten, 38 SW-Fotos, 12 Farbfotos, Erscheinungsdatum: 08.09.2023, Books on Demand, ISBN: 9 783757 882525, 8,99 € – als e-Book ISBN: 9 783758 385407, 4,49 €)

Der nur 22 Kilometer lange Annenpfad ist ein als Rundweg angelegter Pilgerweg in der Prignitz. Er wurde nach fünf Jahren Vorlaufzeit 2011 eröffnet, hat aber zumindest teilweise mittelalterliche Wurzeln. Er verbindet das Kloster Stift zu Heiligengrabe, die Wallfahrtskirche Alt Krüssow und die Fachwerk-Dorfkirche Bölzke miteinander und kann von jedem dieser drei Orte aus begonnen werden. Da er in beiden Richtungen sehr gut markiert ist, ist auch die Richtungswahl frei. Obgleich er verkehrsgünstig zwischen Berlin und Hamburg liegt, ist er nach wie vor eher ein Geheimtipp unter den nord(ost)-deutschen Pilgerwegen. Er eignet sich gleichermaßen für Pilgeranfänger, die ihn sich auf mehrere Tage aufteilen, wie für erfahrene Pilger, die einfach nur einen Tag pilgern möchten.

Jacobusweg Lüneburger Heide von Hamburg & von Lüneburg nach Kloster Mariensee – Jakobspilgern mit Hund und 9-Euro-Ticket (Band 6, gegangen 2022, 134 Seiten, 73 SW-Fotos, 22 Farbfotos, Erscheinungsdatum: 15.12.2023, Books on Demand, ISBN: 9 783755 739562, 10,99 € – als e-Book ISBN: 9 783758 396519, 5,49 €)

Der Jacobusweg Lüneburger Heide ist einer der am wenigsten bekannten norddeutschen Pilgerwege. Er beginnt in Hamburg (bzw. mit einem Seiteneinstieg in Lüneburg) und führt von der Via Baltica (bzw. Via Scandinavica) in eine der schönsten Heidelandschaften. Unterwegs laden viele schöne Heidekirchen, aber auch Bauernhöfe und Herrenhäuser zum Verweilen ein. Leider sind nicht nur die Informationen über diesen Weg rar, sondern in einigen Abschnitten auch die Infrastruktur. Aber mit dem 9-Euro-Ticket (2022) bzw. (ab 2023) dem Deutschlandticket kann man diesen Weg auch tageweise oder in kleinen

Blöcken pilgern. Dieses Büchlein - das bislang einzige seiner Art über diesen Weg - gibt meine Eindrücke und Pilgererlebnisse und die meines Hundes Kito aus dem Sommer 2022 wieder und soll dazu animieren, diesen wunderschönen Weg selbst einmal zu gehen.

Dithmarscher Jakobsweg – Pilgern mit Hund auf der Westküstenroute der Via Jutlandica (Band 7, gegangen 2022, 115 Seiten, 63 SW-Fotos, 26 Farbfotos, Erscheinungsdatum: 01.11.2023, Books on Demand, ISBN: 9 783757 884147, 10,99 € – als e-Book ISBN: 9 783758 361555, 5,49 €)

Der im September 2013 wiedereröffnete Dithmarscher Jakobsweg ist die relativ unbekannte Westküstenroute der Via Jutlandica. Er beginnt an der Kreisgrenze zu Nordfriesland südlich von Friedrichstadt und führt über 117 Kilometer durch Dithmarschen bis nach Brunsbüttel. Er erschließt dem Pilger damit eine Region, deren Grenzen seit den Zeiten Karls des Großen unverändert geblieben sind. Kurz vor Glückstadt erreicht er die Hauptroute der Via Jutlandica, die ihrerseits über Stade und Harsefeld Anschluss an die Via Baltica findet. Dieses Buch - das erste über diesen Jakobsweg - beschreibt meine Eindrücke und Erlebnisse aus dem Sommer 2022, als ich diesen Weg gemeinsam mit meinem Hund Kito ging.

Jakobspilgern mit Hund von Hamburg nach Santiago de Compostela (I) – Teil 1: von Hamburg nach Trier –Via Baltica, Osnabrücker und Bergischer Jakobsweg sowie Via Coloniensis (Band 8, gegangen 2021-2022, erscheint 2025)

Pilgern mit Hund von Hamburg nach Aachen (Band 9, von Hamburg bislang bis Werl gegangen 2022-2024, noch in Vorbereitung)

Via Romea Germanica (I) – Rom-Pilgern mit Hund, Teil 1: von Stade nach Nordhausen (Band 10, gegangen 2023, 161 Seiten, 78 SW-Fotos, 18 Farbfotos, Erscheinungsdatum: 12.01.2024, Books on Demand, ISBN: 9 783758 312854, 11,99 € – als e-Book ISDN: 9 783758 333972, 5,99 €)

Die VIA ROMEA GERMANICA ist eigentlich kein originärer Pilgerweg, sondern der Rückweg des Abts Albert von Stade bei seiner Dienstreise zum Papst in Rom 1236. Natürlich bediente sich Albert bei dieser Reise der vorhandenen sogenannten Altstraßen, also der damaligen Straßen, die auch von anderen Reisenden, Händlern, Kutschen und Kurieren oder auch Truppen genutzt wurden. Dieser Weg wurde, nachdem er in Vergessenheit geraten war, ab 2007 wieder rekonstruiert und - nun mit Start in Stade - als Rom-Pilgerweg wiederbelebt. Je ein deutscher und italienischer Förderverein bietet im Web alle wichtigen Informationen zu diesem noch recht wenig bekannten Weg an. Mich reizte dieser Weg vor allem, weil er kein Jakobsweg, sondern ein Rom-Weg ist, weil es kaum Pilgerberichte über ihn gibt und mich seine erstaunlich gute Infrastruktur sehr interessierte. Gemeinsam mit meinem Hund Kito, der bei allen Pilgertagen seit Juli 2021 stets an meiner Seite war, pilgerte ich im Sommer 2023 von Stade bis Nordhausen am südlichen Harzrand. Dieses Büchlein gibt unsere Erlebnisse und Eindrücke wieder.

Jakobspilgern mit Hund von Hamburg nach Santiago de Compostela (II) – Teil 2: von Trier nach Vézelay – zwischen Via Coloniensis und Via Lemovicensis (Band 11, gegangen 2023, 170 Seiten, 104 SW-Fotos, 21 Farbfotos, Erscheinungsdatum: 19.02.2024, Books on Demand, ISBN: 9 783758 338267, 12,99 € – als e-Book ISDN: 9 783758 338267, 6,49 €)

„Der Jakobsweg beginnt vor der eigenen Haustür." Nach diesem Motto starten Christine (Jg. 1958), Kito (Pinscher-Mix, Jg. 2019) und ich (Jg. 1956) im Herbst 2021 von unserem Zuhause in Hamburg, unweit der Via Baltica. In drei Blöcken erreichen wir im Herbst 2022 Trier. Ein Jahr später - im September/Oktober 2023 - pilgern wir von dort aus weiter durch Saargau, Lothringen, Champagne bis nach Vézelay im Burgund und erleben dabei Landschaften, die wir bislang alle noch nicht kannten. Von unseren Erlebnissen und Eindrücken auf dieser Pilgerreise mit Hund zwischen der Via Coloniensis (bis Trier) und der Via Lemovicensis (ab Vézelay) berichtet dieser zweite Band unseres großen Pilgerprojekts von Zuhause bis nach Santiago de Compostela, das wir - so Gott will - 2025 beenden wollen. Pilgern in Frankreich ist nicht nur der Sprache wegen anders als Pilgern in Deutschland. Das macht es nicht weniger reizvoll, zumal wir, wann immer wir Hilfe benötigten, auch hier immer wieder „Pilgerengel" trafen.

Klosterdreieck Ratzeburg – Rehna – Zarrentin: Pilgern mit Hund rund um den Schaalsee und über die einstige innerdeutsche Grenze (Band 12, gegangen April 2024, 98 Seiten, 49 SW-Fotos, 8 Farbfotos, Erscheinungsdatum: 28.08.2024, Books on

Demand, ISBN: 9 783759 769657, 10,99 € – als e-Book ISBN: 9 783759 732453, 5,49 €)

Das Klosterdreieck ist ein recht junger und - zu Unrecht - noch weitgehend unbekannter Pilgerweg, der die ehemaligen Klöster in Ratzeburg, Rehna und Zarrentin miteinander verbindet und dabei nicht nur den Schaalsee umrundet, sondern auch zweimal die einstige innerdeutsche Grenze quert. Dabei wird der Fuß- oder auch Radpilger immer wieder mit den Folgen der deutschen Teilung 1945 konfrontiert.

Zu diesem knapp 100 Kilometer langen Weg, den ich gemeinsam mit meinem Hund Kito im April und nochmals im Juni 2024 ging, gibt es bislang kaum detaillierte Informationen. So ist dieser Bericht über unsere Pilgereindrücke und Erlebnisse der erste seiner Art und auch das erste Buch überhaupt zu diesem Weg. Neben praktischen Tipps zu Unterkünften und Infrastruktur bietet dieses Büchlein zudem Hintergrundinformationen zur Geschichte der drei Klöster und der vielen Dörfer und Orte am Weg.

Europäischer Zisterzienser Weg durch die UNESCO-Biosphärenreservate Schaalsee und Elbe – Pilgern mit Hund von Rehna nach Lauenburg (Band 13, gegangen Juni 2024, 92 Seiten, 41 SW-Fotos, 17 Farbfotos, Erscheinungsdatum: 06.11.2024, Books on Demand, ISBN: 9 783758 350771, 10,99 € – als e-Book ISBN: 9 783769 381498, 5,49 €)

Das Netz der Zisterzienser-Wege, das seit 2015 in einem europaweiten Projekt erforscht und rekonstruiert wird, betrifft eigentlich primär keine Pilgerwege, sondern die Dienstwege der Ordensoberen. Diese waren nämlich verpflichtet, einmal jährlich alle Tochterklöster ihres eigenen Klosters zu "visitieren" und sich zudem - ebenfalls jährlich - zur Generalversammlung im Gründungskloster des Ordens in Citeaux (Burgund) zu treffen. Dabei nutzten sie natürlich keine eigenen, sondern die bereits vorhandenen Altstraßen, also die Straßen, auf denen auch andere Reisende, Händler, Boten, Kuriere und natürlich auch Pilger unterwegs waren und die über eine gewisse Infrastruktur verfügten. Da die meisten dieser Wege heutzutage bereits als Pilger- oder Wanderwege markiert sind, gibt es bei den Zisterzienser-Wegen nur ein gutes Webangebot mit Streckenbeschreibungen und Kartenmaterial sowie Tracks, aber keine eigenen zusätzlichen Markierungen.

Da der sehr engagierte Klosterverein Rehna für den Streckenabschnitt von Rehna nach Lauenburg auch Materialien als Print anbietet, nutzte ich dieses, um im Juni 2024 dieses 110 Kilometer lange, wunderschöne Segment gemeinsam mit meinem Hund Kito zu erkunden.

Nordsee-Pilgerweg in Nordfriesland – Pilgern mit Hund von Lunden nach Tønder bzw. Løgumkloster (Band 14, gegangen Juli 2024, 108 Seiten, 40 SW-Fotos, 35 Farbfotos, Erscheinungsdatum: 16.10.2024, Books on Demand, ISBN: 9 783759 761163, 11,99 € – als e-Book ISBN: 9 783769 359718, 5,99 €)

Der Nordsee-Pilgerweg von Lunden nach Tønder bzw. Løgumkloster existiert erst seit 2021. Er durchquert die gesamte historische Region (und damit auch den Kreis) Nordfriesland von Süd nach Nord und gibt dabei vielfältige Einblicke in die Geschichte der Menschen und der Orte entlang der Strecke sowie der deutsch-dänischen Grenzregion. Dabei folgt der Pilgerweg weitgehend (zumindest von ihrer Ausrichtung her) dem Verlauf der Westroute des mittelalterlichen Handelswegs. Der Verfasser ging diesen Weg im Sommer 2024 gemeinsam mit seinem Hund Kito, wobei beide bei den Kirchengemeinden entlang des Wegs gastfreundlich aufgenommen wurden. Den Haupt- und Ehrenamtlern dieser Gemeinden gilt daher unser besonderer Dank.

Jakobspilgern mit Hund von Hamburg nach Santiago de Compostela (III) – Teil 3: von Vézelay nach Limoges – Via Lemovicensis / Voie de Vézelay (Band 15, gegangen September 2024, 198 Seiten, 103 SW-Fotos, 54 Farbfotos, ISBN: 9 783769 328394, 16,99 €)

Dieser dritte Band unserer Pilgerreise von Zuhause in Hamburg nach Santiago de Compostela ist, gleichermaßen vom Textumfang sowie der Anzahl der Fotos her, unser bislang ausführlichster Pilgerbericht. Er beschreibt unsere erste Weghälfte der Via Lemovicensis von Vézelay nach Limoges im September 2024 mit ihren vielen schönen Erlebnissen und Pilgerbegegnungen. Dieser bereits im 12. Jahrhundert beschriebene französische "Premium-Jakobsweg" unterscheidet sich deutlich von unseren bisherigen Wegabschnitten von Hamburg bis Vézelay. Das macht sich vor allem in der wesentlich besseren Infrastruktur und den zahlreicheren Übernachtungsangeboten, aber bei auch den Pilger-bezogenen Sehenswürdigkeiten und ihrer Historie, bemerkbar. Primär als persönlicher Rückblick gedacht, enthält dieses Buch auch für andere Pilger - vor allem solche mit Hund - viele wertvolle Informationen und Hinweise zu Unterkünften, Kosten und Logistik.